Flipped Classroom for Active Learning

アクティブラーニング型授業としての反転授業

理論編

森 朋子・溝上慎一 編
Tomoko Mori & Shinichi Mizokami

ナカニシヤ出版

はじめに

　20世紀末にアメリカで生まれ，草の根で広まった反転授業は，説明中心の講義などを動画化し，事前授業として学習者に視聴を促すことを前提にしている授業デザインであることから，ICT（Information Communication and Technology）の発展とは切っても切れない関係にある。近年では，MOOCs（Massive Open Online Courses）とも結びついて新たな教育改革のキーワードとなっている。その結果，なにやら近未来的な教育のようにマスコミに取り上げられたりもするが，そうではない。根底にあるのは，いつの時代の教員も頭を悩ましている，目の前にいる学習者たちの学習の格差問題である。まさに反転授業は，教育における普遍的な課題に，教員らが試行錯誤で取り組むプロセスの中で生まれた授業デザインと言える。言い換えれば，ICTを駆使する反転授業もまた，授業で展開する日々の実践知の延長線上で生み出されたものであり，だからこそ，現場の教員間で草の根で広まったのだ。

　日本の高等教育では2012年ごろから実践が広がり始めた。その歴史的背景に関しては，序章にて溝上氏が詳細に記しているが，ここでも簡単に説明したい。アメリカ同様に草の根で広まった大きな理由としては，以下4つが考えられる。1）反転授業が導入しやすい学習環境の整備があること。大学教育においては，すでにeラーニングそのものや，eラーニングと対面授業を組み合わせるブレンド型授業などの基盤となるLMS（Learning Management System）の導入が進むと同時に，学生も手軽な端末としてスマートフォンを携帯するようになっていた。2）教育政策として単位制度を実質化する具体的な予習方法として適したこと。動画を視聴する，をもって予習時間を確保し，さらにはそれを前述のLMSの活用によって「見える化」することが可能になっていた。3）教員のニーズにマッチしたこと。反転授業の効果として，学習者の理解が格段に深まった事例がいくつか報告されている。特に基礎学力の低下に苦しむ授業で導入し，その効果が教員にも学習者にも実感されたことが大きかった。そして最後は，4）大学教育改革におけるアクティブラーニング推進の文脈にマッチしたこと，である。事実，効果が高い反転授業では，対面授業に学生たちが相互補完的なかかわりの中で学び合う活動が導入されており，まさにそれはアクティブラーニングそのものだ。動画視聴という予習先行型学習とアクティブラーニング，この双方の効果が交じり合って，反転授業に関する高い関心が生まれたのだろう。

しかしその効果を明らかにする反転授業の研究はまだ始まったばかりであり，その実践知の数は少なく，定着した学習理論があるわけではない。反転授業が作り出す学びの研究は，まさに今，ようやく始動し，理論が構築されている最中なのである。

　ここでは反転授業の特徴を多角的にとらえるために，授業における学習プロセスを中心に，反転授業と伝統的な講義を比較してみよう。まず講義では，事前学習を必須とせず，学習者の任意としている場合が多い。大人数の講義であれば，予習をしてきたかどうかを確認するだけも大仕事である。結果，必ずしも全員が事前学習に取り組んでいることを前提にしているわけではない。そうするとその学びは，授業という全員が参加する場から始まる。そして授業では教員主体による〈教える〉を中心とした講義が行われ，学生はそこで初めて学習内容に出会うことになるのだ。授業中，学生同士の相互作用は少なく，あくまでも個人が聴くという形に学習活動が留まることが大きな特徴だ。学生一人ひとりが講義の内容をどのように理解し，そしてどのように新たに知識を構築したかは，理解のプロセスをその場で外化することが求められていないことから，外から測ることは難しい。そして後で課される宿題にて，授業で聴いた内容を個人で定着・活用してみるというのが一連の流れである。宿題ではじめて自らの思考と手を動かしてみて初めて疑問や理解が足りないところが明らかになるのが常である。でもその時に疑問をぶつけることができる教員や友人はそばにいない。この一般的な〈教員が教えてから学生が学ぶ〉という学習活動は，日本においては中等教育の定番であり，学生であっても中高の学習経験から〈学ぶ〉といえばこの形が馴染み深い。

　しかし私個人としては，この〈教えてから学ぶ〉という学習プロセスにはやや懐疑的である。与えられた知識を活用する，という方法は正しいとは思うのだが，このスタイルばかり，何年間も学校教育の中で展開されたとしたら，子どもたちはまさに〈教えてもらわないと学べない〉と思ってしまわないだろうか，心配である。いわゆる学校教育においては，私たち教員は常に〈教える〉の中で活動しているのでどうしてもその視点が強くなるが，一歩引いてみてみると，発達的な学びや社会的な学び，さらには生涯学習としての学びなど，人の営みとして〈学ぶ〉の範囲は〈教える〉よりも実は広い。つまり人間はそもそも教えなくても自ら学べる存在として位置づけられるとも考えらえる。そうなると学校教育において，初等中等教育，さらには高等教育と〈教える〉と〈学ぶ〉のバランスを変えながら，まさに教えなくても主体的に学び続ける人材を育成するのが重要ではないだろうか。

そこで反転授業である。実は教員主体の講義を聴くという学生個人の活動の後に，その知識を定着・活用するという一連の学習プロセスは，伝統的な講義型授業デザインと大きな差はない。ただ学習活動自体は，授業からではなく，個人的な事前学習から始まっている。その意味だけで言えばフリップ（反転）というよりもスライドかもしれない。ただその前倒しには大きな意味がある。大事なことは，自分自身がまずは考えてから授業に臨むということ，そしてクラスメイトが集まる授業という場で何をするのか，ということだ。講義を聴くという個々人の活動は，事前学習として自宅で済ませ，みんなが集まる授業，そして教員とよりコミュニケーションが取れる授業で知識を定着，活用する主体的な活動を展開していく。これなら自らが考えてきたことを基盤として，授業に臨むことができる。そして分からないところがあっても，授業の中における教え合い・学び合いで解決できる可能性もあり，さらには即時に教員に教えを乞うことも可能である。これは日本の大学教育改革でも指摘されているアクティブラーニングの効果とも大きく関連があるだろう。反転授業は，まさにその主体的な学びを他者との相互作用の中で行うことによって，深い理解や多様なコンピテンシーの育成が可能になるアクティブラーニングの授業デザインなのかもしれない。

　ここで本著を出版するにあたった経緯を簡単に述べておきたい。海外の反転授業の事例として大きな効果があることが伝えられ始めた 2012 年ころ，果たして日本人のメンタリティやこれまでの学習習慣，そして日本の大学のカリキュラムにおいても有効なのだろうか，という疑問が浮かんできた。それだったら調査してみようということで，当時，（島根大学での）同僚だった本田氏（第 2 章，3 章担当）に声掛けし，小さな試行的調査を行った。そこでの効果には目を見張るものがあったが，それでも 1 つの事例研究にしか過ぎず，授業研究の限界も強く感じたところである。そこで所属校のみならず，すでに実践している，またはこれから実践したいという日本国中に散らばっている大学教員に声掛けし，共通の質問紙によるプレポスト調査を実施することで，個別事例であってもそこからメタ理論を抽出できないかと考えたのだ。そこでいつもご指導いただいている溝上氏に相談し，三保氏（第 2 章，3 章）も仲間になり……ということで，今現在ではこの調査集団は，個々の実践者も含め，さらに大きな飛躍を遂げたのである（溝上氏あとがき参照）。この理論編，実践編の 2 冊の書は，まさに研究という枠組みにおいて，所属校を超えた教員同士が学び合う共同体の中での成果物である。

　理論編である本書は，まずは序章として，反転授業の中でもより授業内活動に焦

点を当てたアクティブラーニングとの関係について，溝上氏に整理いただく。ご存じのとおり，溝上氏は日本におけるアクティブラーニング研究の第 1 人者であり，私と同様に，反転授業もアクティブラーニングの一形態として位置づけている。そして第 1 部として，反転授業全体の理論を検討していく。まずは反転授業の学びの構造に関して私の方から提示したのちに，14 授業におけるプレポスト調査の結果を 2 つの視点から本田氏，三保氏に報告いただく。そして第 2 部は，反転授業を支える環境として，教師を支える観点を岩﨑氏に，そして学生を支える視点を安部氏に執筆いただいた。そして第 3 部として，反転授業の代表的な個別事例について検討を行う。まずは導入が多い理工系科目の事例を塙氏に，そして反転授業を支える ICT の視点から学生の学びのプロセスを検討する平川氏，さらにはもう 1 つ高等教育の事例として，授業内外の活動を LMS で結びつける古澤氏の事例を報告する。そして最後に，高等教育以外の初中等教育の現状を福本氏にお願いした。

　本書において，反転授業という，その新しいアクティブラーニングの形の知見と，さらには研究者同二が学び合いながらメタ理論を生成していくその過程について，みなさまと共有できれば幸いである。

編者を代表して
森　朋子

目　次

はじめに　*i*

序　アクティブラーニング型授業としての反転授業 ——— *1*
溝上慎一

1　反転授業とは　*1*
2　学習と成長パラダイムを推進するアクティブラーニング　*5*
3　アクティブラーニング型授業の一つとしての反転授業　*9*

第1部　反転授業がもたらした学びの環境

01　「わかったつもり」を「わかった」へ導く反転授業の学び ——— *19*
森　朋子

1　浮かび上がったアクティブラーニングの課題　*19*
2　反転授業のデザイン　*22*
3　反転授業の学びの構造　*25*
4　おわりに　*31*

02　アクティブラーニングとしての反転授業における教育効果（1）——— *37*
本田周二・三保紀裕

1　はじめに　*37*
2　データからみる反転授業　*38*
3　考　察　*50*

03　アクティブラーニングとしての反転授業における教育効果（2）——— *55*
三保紀裕・本田周二

1　はじめに　*55*
2　反転授業で起きている学びのプロセスを捉える　*56*
3　考　察　*68*

第 2 部　反転授業を支える環境

04　反転授業を支える環境として教員支援を考える ─── 75
岩﨑千晶

1　反転教育に関する教授支援の必要性　75
2　反転授業に関する先行研究　76
3　アンケート調査の方法　78
4　アンケート調査と考察　78
5　アンケート調査のまとめ　89

05　教師を支える ─── 93
反転授業の教育環境支援　　安部有紀子

1　はじめに：学生中心の授業づくりに向けた挑戦　93
2　アクティブラーニングにおける学習支援　93
3　日米の学習支援センターの発展から見る学習支援の変遷　95
4　学び合いの中で成長する学生：学習コミュニティの構築　97
5　学習支援で扱う学習技法の最新動向　99
6　反転授業における学習上の課題への学習支援からのアプローチ　102
7　おわりに　109

第 3 部　反転授業の個別の形

06　理工系科目における反転授業のデザインと効果 ─── 115
塙　雅典

1　はじめに　115
2　知識習得型科目とアクティブラーニング　116
3　反転授業とインストラクショナル・デザイン　119
4　反転授業用事前学習用講義動画の作成・配信環境　121
5　山梨大学における反転授業の効果の一例　124
6　反転授業の限界　132
7　おわりに　133

07 「ヒューマン・コンピュータ・インタラクション」における反転授業 — *135*
Moodle ログデータからの学習活動の分析　　　　　　　　　平川正人

1　はじめに　*135*
2　Moodle とログデータ　*137*
3　対象授業の概要　*138*
4　反転授業の方法　*140*
5　反転授業の効果と課題　*143*
6　ログデータに基づく分析　*145*
7　更なる頂を目指して　*146*
8　おわりに　*149*

08 理系における反転授業 ——————————— *151*
知識の修得と応用展開能力養成の試み　　　　　　　　　古澤修一

1　はじめに　*151*
2　授業概要　*152*
3　これまでの授業方法とその課題　*153*
4　反転授業の方法　*154*
5　反転授業の実施結果　*156*
6　考　察　*160*
7　課　題　*162*
8　おわりにかえて：その後の展開　*163*

09 初等中等教育における反転授業 ——————————— *167*
　　　　　　　　　　　　　　　　　　　　　　　　　　福本　徹

1　はじめに　*167*
2　なぜ，初等中等教育でも反転授業なのか　*168*
3　これからの学びについて　*169*
4　反転授業の設計　*171*
5　コンテンツとネットワークの接続形態　*174*
6　反転授業に関する評価　*176*
7　実践する上での課題　*177*

8　反転授業の今後　179

事項索引　182
人名索引　184

●実践編目次

第1部　自然科学系分野における反転授業

01　共通系生命科学講義における反転授業　　　　　　　　　　　　　矢野浩二朗
02　工学部系科目における反転授業の導入　　　　　　　　　　　　　田丸恵理子
03　伸びしろのある工学部の大学生を育てるには　　　　　　　　　　山崎　進
04　「生物統計学」における反転授業　　　　　　　　　　　　　　　小林和広
05　「統計学」における反転授業　　　　　　　　　　　　　　　　　望月雅光
06　数学における反転授業　　　　　　　　　　　　　　　山田嘉徳・濱本久二雄

第2部　人文社会科学系分野における反転授業

07　「新入生を対象とした英語科目」における反転授業　　　　　　　奥田阿子
08　反転授業の実践報告　　　　　　　　　　　　　　　　　　　　　小林亜希子
09　「大学で学ぶ教養古典」における反転授業　　　　　　　　　　　七田麻美子
10　「教育統計学」における反転授業　　　　　　　　　　　　　　　杉澤武俊
11　フランス語初級文法クラスのプチ活性化　　　　　　　　　　　　岩根　久
12　社会人教育における反転授業　　　　　　　　　　　宗岡　徹・西尾三津子
13　大学1・2年生を対象とした高次能力学習型の反転授業の実践　　伏木田稚子

第3部　特定分野における反転授業

14　知的財産科目における反転授業の試み　　　　　　　　　　　　　阿濱志保里
15　「大学病院のチーム医療スタッフ養成」における反転授業　　　　柴田喜幸
16　医学部における反転授業　　　　　　　　　　　　　　　　　　　西屋克己
17　学修支援者としての大学職員育成における反転学習プログラム　　竹中喜一

アクティブラーニング型授業としての反転授業

溝上慎一

1 反転授業とは

● 1-1 定　義

「反転授業（the flipped classroom / the inverted classroom）」とは，従来教室の中でおこなわれていた授業学習と，演習や課題など宿題として課される授業外学習とを入れ替えた教授学習の様式だと定義される（cf. Lage et al., 2000；山内・大浦, 2014）。具体的には，講義部分をオンライン教材として作成し授業外学習として予習させ，対面の教室，すなわち授業学習では，予習した知識・理解の確認やその定着，活用・探究を協同学習などを含めたアクティブラーニングでおこなうのである。

このような学習が可能になってきたのは，学校や家庭でコンピュータやインターネット等の ICT が発達し一般的に普及するようになったこと，YouTube に見られるようなデジタルビデオ教材のインターネット上での共有化，高等教育でいえば，OCW（OpenCourseWare）や MOOCs（Massive Open Online Course）を用いた Coursera や edX などの大規模な公開オンライン講座が提供されるようになったことにある（重田, 2014）。オンライン教材は，予習教材として，従来教室内でおこなわれてきた講義を代替するものとして使用される。

なお，反転授業の火付け役で知られるバーグマンとサムズ（2015）は，最近「反転学習」という概念を新たに主唱しているので，その説明をしておく。また，それをふまえて本書では，「反転授業」という用語を用いる理由を述べておく。

バーグマンらははじめ，学生は自宅でオンライン教材を学習し，対面教室では習得型の個別学習（ワークシートや問題集，教科書の章末にある練習問題などを解く）をおこなう教授学習様式を「反転授業（flipped classroom）」と呼んでいた。近年彼ら

は，それを「反転授業の入門編 (Flipped Class 101)」と呼び直し，次なる発展型として「反転学習 (flipped learning)」を主唱し始めた。この発展型としての反転学習とは，次のように説明される。

> 「直接指導（対面の授業）を集団学習の場から独習の場へと移し，その結果として集団学習の場を，動的で双方向型の学習環境へ変容させるアプローチのこと。その学習環境においては，生徒が教師のサポートのもと，学習概念を応用し，創造的かつ主体的に学びの内容に取り組んでいく」。(バーグマン・サムズ，2015：33。カッコ内は筆者が挿入)

　要は，対面教室での習得型の個別学習にとどまらず，グループで問題解決学習やプロジェクト学習，探究的な学習など，協同学習を含めたアクティブラーニングまでおこなおうという主張である (Flipped Learning Network, 2014 も参照)。彼らの言う個別学習とは，日本の例でたとえれば，個別指導をする塾のようなものである。生徒は塾に来てそれぞれの学習をし，教師がまわってわからないところを教えたり，質問に答えたりする学習のことである。なお，日本でおこなわれてきた反転授業の多くは，バーグマンらが言うところの反転学習である。

　本章（本書）では，社会人対象の生涯学習・市民講座や職員研修などで同様の様式を取る場合を別として，基本的に「反転授業 (flipped classroom)」という用語を用いていく。理由はアクティブラーニング型授業の一つの類型として反転授業を扱いたいからである。内実はバーグマンらが言うところの反転学習と同じであるが，本章では，教師の授業デザイン (instructional design) により焦点化した用語として「反転授業」を用いていきたいのである。

● 1-2　特徴と実現のポイント

　反転授業ならではの独自の特徴はいくつもある。よく挙げられる主なものとして，以下のものがある。

> ●学生は自分のペースで学習できる
> ●学生は繰り返しオンライン教材を視聴でき，理解をより確かなものにすることができる
> ●授業外学習時間が増加する

● 対面教室でアクティブラーニングに多くの時間を割ける

　もちろん，質の高い反転授業を実現するには，以下のような点をおさえておかねばならない。主なものを4点挙げる。

1. 教員は，授業外のオンライン教材を用いての予習と，対面教室での学習とを有機的に関連づけ，授業をしっかりデザインしなければならないことである（cf. Tucker, 2012）。宿題と講義を反転させるだけで，反転授業としての効果が得られるとは考えられない（中野，2014）。何のための反転授業なのか，学生にどのような知識や考え，能力を身につけてほしいかなどの目的・目標をもとにした授業デザインが求められる。
2. 授業外学習にしっかりと時間をかけ，学習させることである。授業外学習の質が，授業での学習の質を左右することは当然であり（Berrett, 2012; Herreid & Schiller, 2013），学生のモチベーション・ディバイドの問題を克服することが求められる。
3. 学力の低い学生には，オンライン教材の視聴や家庭学習に関する支援が必要である場合がある。稲垣・佐藤（2015）では，オンライン教材を短時間のセグメントに分けて視聴しやすくする，該当単元からさかのぼって既習事項を確認できるオンライン教材を提供する，ワークシートなどを作成して学習すべき事項を明確にする，などが提案されている。学生が長時間オンライン教材を視聴することを面倒だと感じる傾向は，アムレシュら（Amresh et al., 2013）でも議論されている。
4. 教員は，JiTT（Just-in-Time Teaching）（ウェブベースでの予習，そこでの理解の結果を反映させての授業運営の方法のこと。cf. Novak, 2011; Novak et al., 1999; Rozycki, 1999）などの手法を用いて，学生の予習状況を授業前にアセスメントして授業にのぞむこと，そうでないと，授業内での学習が有効になされないことである（Berrett, 2012; Talbert, 2012）。

　このような点を押さえて充実した反転授業を実施していくことは，グループワーク，プレゼンテーションを組み込むだけのアクティブラーニング型授業の実現に難航している全国の状況から見て，相当ハードルが高いといえる。しかしながら，後で述べるように，うまくなされれば，その分学習効果は大きい。今後の発展を期待

したい。

● 1-3　成績が上がるという学習成果（教育効果）について

　反転授業をおこなうことで知識理解や定着が促進され，結果として，成績やテストの得点が上がることを，反転授業の学習成果（教育効果）として示す論文や著書はいくつもある。新しい様式の教授学習の有効性を主張するのであるから，この観点は教育関係者の誰もが示してほしいと望む必須事項である。しかし，論文や著書で刊行されたものというのは，成績やテストの得点が上がったものに限定されることを意味しており，成績やテストの得点が上がらなければ，そもそも論文や著書になっていなかった可能性が高い。ここが問題である。

　土佐（2014）が指摘するように，論文や著書のなかに対照群を設定しないで検討されているものが多くあり，この点も問題である。しかし，厳密にいえば，対照群を設定すれば解決するというほど，この問題は簡単なものではない。つまり，反転授業に限らないが，まったく同じ授業デザイン，学習内容，同一の授業者，そして能力や成績の点で生徒の等質性を確保するといった，科学的装いを施したとしても，学習成果に影響を及ぼすあらゆる要因が対照群の条件として設定されている，ひいては条件統制されていることは，現場の実践研究ではあり得ないからである。授業を実施する際の教師や生徒の気分，対象となる科目の特質や扱う単元，対照群としての授業で教師は授業をどのように始め，どのように展開したか，もっといえば，何曜日の何限目の授業か，教室の気温はどうだったかなど，学習成果に影響を及ぼす要因が山のようにある。たとえ理想的な教師，理想的な授業デザイン，理想的に準備がなされたことを前提として，同一条件による2つの授業が実施され比較されても，上述の要因のいずれかによって授業がうまくいかなかいことは少なくない。

　実際，共編者である森朋子氏と私，ほか何人かとのチームで，全国10～20の反転授業を対象に，この3年間毎年データを取ったりフィールドワークをしたりしている。反転授業以外のアクティブラーニング型授業まで含めると1年60～70の授業を対象としている。その結果からは，上述の意味での学習成果の上がっている授業と上がっていない授業とが，ごく普通に見られることが明らかとなっている。ある年に，かなり優れた学習成果を示した同一教員の同一科目，同一授業デザインの翌年の学習成果が芳しくなかったということもあった。「授業は生ものである」とはまさにこういうときに使われる言葉である。

　さらにいえば，成績やテストの得点を上げることだけが学習成果として期待され

る目的であるならば，反転授業でなくても，やりようは他にいろいろあるはずである。このように考えて，反転授業による学習成果には，複数の反転授業ならではの成果指標が設定され検討されなければならない。成績やテストの得点の上昇は，これらの一つとされねばならない。具体的にそれは，「1-2　特徴と実現のポイント」の冒頭で述べた，「学生は自分のペースで学習できる」「学生は繰り返しオンライン教材を視聴でき，理解をより確かなものにすることができる」「授業外学習時間が増加する」「対面教室でアクティブラーニングに多くの時間を割ける」といった指標を指す。もっとも，この段階で本書で示せる成果はまだ得られていないので，ここでは現在考えている作業の方向性だけを述べるにとどめ，成果は近々示すこととしてお許し願いたい。

　さて，反転授業は，教員から一方通行的に知識伝達される講義の限界を克服する教育方法だと説明されることがよくある。しかし，それは協同学習でも PBL でもピアインストラクションでも説明されることであり，なにも反転授業に限ったことではない。それは，講義の限界を克服し，能動的な学習を創出することで学生の質の高い学習を創出しようとするアクティブラーニング（型授業）の特徴として述べられるものである。反転授業で示される特徴や意義は，アクティブラーニング型授業の他の技法や戦略で述べられる特徴や意義と重複するものが多いのである。このことをふまえて第 2 節では，アクティブラーニング（型授業）について概説し，第 3 節で反転授業をアクティブラーニング型授業の一つとして位置づけることとする。

2　学習と成長パラダイムを推進するアクティブラーニング

● 2-1　アクティブラーニングとは[1]

　アクティブラーニング（active learning）は，米国で 1980 年代初頭に高等教育の大衆化・学生の多様化に呼応して提言され（Study Group on the Conditions of Excellence in American Higher Education, 1984），1990 年に入ってボンウェルとアイソン（Bonwell & Eison, 1991）によって概念化された学習論である。ボンウェルらの定義は多くの研究者に引用され，アクティブラーニング論の基礎となっているが，筆

---

1) アクティブラーニングの理論的説明は，これまでかなりしてきたので，ここでは要点だけをまとめる。詳細な説明は溝上（2017a, 2017b）をお読みいただきたい。溝上（2014a）の一部修正や補足もそこでなされている。

者はこれをふまえてアクティブラーニングを下記のとおり定義している[2]。

> 一方向的な知識伝達型講義を聴くという（受動的）学習を乗り越える意味での，あらゆる能動的な学習のこと。能動的な学習には，書く・話す・発表するなどの活動への関与と，そこで生じる認知プロセス（*）の外化を伴う。
>
> *認知プロセスとは，知覚・記憶・言語・思考（論理的／批判的／創造的思考，推論，判断，意思決定，問題解決など）といった心的表象としての情報処理プロセスのことである。

　授業に書く・話す・発表する等の活動を伴う学習形態を導入して，講義一辺倒の授業を脱却することに，アクティブラーニングの第一の意義がある。しかし，活動に他者や集団を組み込み，学習を協働的なもの，社会的なものへと拡張すること（＝学習の社会化）は，学習が教授パラダイムから学習パラダイムへと転換することをも促し，講義一辺倒の授業を脱却すること以上の意味をもつ。教員から学生への知識伝達型で受け身で学習する教授パラダイムから，それを基礎としつつも，学習は学生が中心であり，学生が結局何を学んだか，学習を通してどのような知識を構成・再構成し，創造したのかを問う学習パラダイムへの転換が，このアクティブラーニングによって促されるのである。

　学習パラダイムに基づく学習をおこなうことは，学生の知識世界における知識の意味づけ，構成・再構成，創造を促し，学習の個性化を促す。このような学習は，これまで「深い学習（deep learning）」あるいは「学習への深いアプローチ（deep approach to learing）」（Marton & Säljö, 1976）と呼ばれてきた。しかし，学習パラダイムに基づく学習はそれだけでなく，昨今叫ばれる資質・能力（汎用的技能やコンピテンシーなど）を育成することにも繋がる。大学や学部の種類に関係なく共通して設定される成長指標である。

　成長指標は，ほかにも医療系の「患者の良きパートナーとしての医療人材の育成」，女子大学の「社会で活躍する女性を育てる」，地方大学の「地域の人材育成」のよう

---

2) ボンウェルとアイソン（Bonwell & Eison 1991）のアクティブラーニングの定義と筆者のそれとの相違に関心のある者は，溝上（2014a）を参照のこと。また，初等中等教育で導入されようとしている施策用語としてアクティブ・ラーニング，すなわち，中央教育審議会『幼稚園，小学校，中学校，高等学校及び特別支援学校の学習指導容量等の改善及び必要な方策について（答申）』（2016年12月21日）で説明される「アクティブ・ラーニングの視点（主体的・対話的で深い学び）」との関連については，溝上（2017c）を参照のこと。

に，大学や学部の個性的な指標として設定されることもある。いずれも共通するのは，知識を理解したり深めたりすることだけを学習の目標とするのではなく，資質・能力を育成したり，医療人，女性，地域人材としての成長までもが学習の目標となっていることである。「態度や価値の探求」や「学び方を学ぶ」なども，成長指標として設定されることがあるだろう。このように，学習パラダイムを採り始めると，成長指標がいろいろと設定されるようになり，結果として学習パラダイムは「学習と成長パラダイム（learning and development paradigm）」へ至ることになる。

● 2-2　構図 A から構図 B へ[3)]

米国において，アクティブラーニングを支える学習パラダイムは，大学の大衆化，大学教員の教育の役割を見直す動きから始まったと考えられている。この初発の動きは，コメントシートやミニッツペーパー等を用いて学生の参加形態を作り出し，少しでも講義一辺倒の授業を脱却するところに特徴があった。大衆化の中身は異なれども，日本でも 1980 年代より同様の問題が考えられるようになり，1990 年代半ばより参加型授業や双方向の授業が実施されるようになった。

ここでの参加型授業は，構図 A（図 序-1 の上段を参照）として説明されるものである。すなわち，講義一辺倒の授業にポジショニングをして起点とし，そこから少しでも脱却するという意味での「能動性」（構図 A の授業においては，これが「能動性」の定義である）を，コメントシートやミニッツペーパーで作り出し，それを参加型授業と呼んだのである。今で呼ぶところのアクティブラーニング型授業の原初的形態と考えられるものである。

しかし，いったん講義一辺倒の授業を脱却しようとすると，教員のなかにはもっと学習課題や演習問題，活動（議論や発表など）を入れて，学習をより能動的なもの，習得をもっと発展させた活用・探究的なもの，プロジェクト的なものにしようとする者が出てくる。また，社会が情報化，グローバル化，知識基盤型となり，社会が求める資質・能力が高度となってくる。高校や大学の出口（就職）が社会問題ともなり，仕事・社会とを繋ぐ学校教育の社会的機能が見直される動きも繋がってくる（学校から仕事・社会へのトランジション。溝上（2014b）を参照）。こうなるともはや，講義を十分に受けられない学生のための参加型授業，ひいては原初的なアクテ

---

3) 本項の詳細な説明は，溝上（2014a）をお読みいただきたい。学習パラダイムの背景については，溝上（2017a）で一部修正や補足がされている。

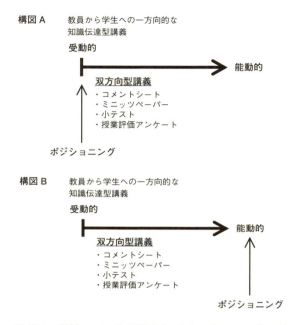

図 序-1 ポジショニングで説明するアクティブラーニングの移行
(溝上 (2014：43 図 2-1) より)

ィブラーニング型授業という理解ではなく，仕事・社会に通ずる資質・能力の育成や上述したさまざまな成長指標を設定して，学生を積極的に育てるためのアクティブラーニングだという理解へと変わってくる。ここではじめて，教授パラダイムから学習パラダイムへの転換が認められ，ひいては学習と成長パラダイムとなってくる。

　この動きを，先と同様に，ポジショニングを用いて構図Ｂで示す（図 序-1 の下段を参照）。つまり，構図Ｂでは，「能動的」それ自体にポジショニングがなされ，たとえば資質・能力の育成，価値や態度の探求，学び方を学ぶ，大学や学部によっては「患者の良きパートナーとしての医療人材の育成」「社会で活躍する女性を育てる」「地域の人材育成」のように，「能動的」学習と成長指標とを積極的に繋げようとする。興味深いことに，構図Ａと構図Ｂはまったく同じ図であるにもかかわらず，ポジショニングが違うというだけで，講義一辺倒の授業を乗り越える意味が大きく異なることを示している。今私たちが経験している，資質・能力の育成や他の指標

序　アクティブラーニング型授業としての反転授業　　9

を設定して学生の学習と成長をはかろうとするパラダイムは，この構図Bに基づいて推進されているのである。

3 アクティブラーニング型授業の一つとしての反転授業

● 3-1　アクティブラーニング型授業の一つとして位置づける

　海外の研究を見ると（ex. Herreid & Schiller, 2013; McLaughlin et al., 2014; Pierce & Fox, 2012; Roehl et al., 2013），反転授業はアクティブラーニング（型授業）の一つだと論じられる。筆者もまた，反転授業をアクティブラーニング型授業の一つと位置づけて理解したい。以下，その考えや理由を説明していく。

　反転授業は，従来の講義パートを授業外学習として予習させ，対面教室では，それに基づいて理解を確認したり深めたりするアクティブラーニングをおこなうものである。図 序-1 で示した構図A・構図Bを用いると，反転授業でおこなわれる対面教室でのアクティブラーニングは，もはや受動的学習を乗り越える程度の，構図Aのそれではなく，積極的に，「能動的（アクティブ）」学習のポイントを特定した，構図Bのアクティブラーニングである。しかも，構図Bの，とくに習得型（3-5で詳しく述べる）のアクティブラーニング型授業は，たとえば90分という授業時間内で，講義パートとアクティブラーニング・パートを両方組み込んでデザインされるのが一般的である。それに比べると，授業時間90分をまるまるアクティブラーニングに当てられる反転授業は，学習目標に応じて自在にデザインすることができ，結果として徹底的なアクティブラーニング型授業となる。

　もちろん，徹底的なアクティブラーニングを実現する反転授業といっても，その質を充実させるためのポイントは，1-2で述べたとおりであり，教員も学生もいくつもの壁を乗り越えなければならない。しかし，それを乗り越えた先の学習が充実したものになることは，数々の優れた実践例や本書〈実践編〉で示される事例から見てのとおりである。

● 3-2　反転授業導入の理由はアクティブラーニング導入の理由とほぼ同じ

　反転授業をアクティブラーニング型授業の一つと見なすのは，アクティブラーニングの構図Bに合致するという理論的な理由があるからだが，他方で，反転授業を導入する授業者自身がそうだと述べるからでもある。つまり，授業者が反転授業を導入する理由として述べるものは，実は，アクティブラーニング導入の理由として

これまで述べられてきたことと，さほど変わらないものなのである。これは興味深い事実である。

たとえば，第4章（岩崎千晶）によれば，反転授業を授業に取り入れる大学教員にアンケート調査をおこなった結果，その動機としてもっとも多かった回答は，「従来の授業をするうえで課題を感じていたから」であった。次いで，授業で感じているその課題が，いったいどのようなものかを自由記述で尋ねると，その回答は次の8つの内容にまとめられた。

1. 授業内容の理解が不足している
2. 学習者の主体的な授業への参加をより促したい
3. 教育の質を向上させたい
4. 不真面目な学生に対応したい
5. 単位を落とす学生が多い
6. 授業外の（学習）時間が少ない
7. JABEE で必要である
8. 効率をあげたい

ほかにも，情報やインターネットに慣れ親しんで育ったミレニアル世代に講義はもたない（Roehl et al., 2013）などの理由で反転授業を導入し始めたと述べる者もいる。これらは，大学の大衆化，学生の多様化を背景に成り立たなくなった講義を成り立たせるべく，学生に参加させる形態としてのアクティブラーニングを導入し始めた米国の初期の流れとほぼ同じ動機である（詳しくは溝上, 2017a）。構図Aにおける，講義一辺倒の授業を脱却するという意味でのアクティブラーニングの導入である。ことさら反転授業だけで述べられているものではないのである。

もっとも今日，反転授業をアクティブラーニング型授業として位置づければ，反転授業は構図Aにとどまらず，構図Bにおける学習と成長パラダイムに乗って推進されるものとなっている。たとえば，本書〈実践編〉の第9章（七田麻美子の「「大学で学ぶ教養古典」における反転授業」）で批判的な思考法や多元的なものの見方を知ることが，第13章（伏木田稚子の「大学1・2年生を対象とした高次能力学習型の反転授業の実践」）で議論するための実践的なスキルが身につく，都市と視覚文化との間にある関係性を分析できる，といったことが授業の目的として掲げられているのがそうである。

序　アクティブラーニング型授業としての反転授業　　*11*

● 3-3　何が反転授業と呼ばれるべき決定的ポイントか

　講義パートを授業外学習（予習）に移動させて，対面教室では講義パートの理解を確認したり深めたりするアクティブラーニングの時間とする，反転授業ならではの構造的な特徴がある。しかし，この説明で反転授業を理解するのなら，それは必ずしも反転授業と呼ばれなくてもいい，という問題も議論しておかねばならない。

　たとえば，筆者が前著（溝上，2014a）で紹介した「LTD 話し合い学習法」（安永，2006, 2012）は，協同学習，ひいてはアクティブラーニング（型授業）の戦略の一つである。この学習法では，予習を前提として，対面教室では講義をおこなわない。学生たちは，予習をもとにグループで語彙や用語を確認したり，理解した内容を他者に説明したり批判的に考えたりして，テキストの理解を深める。

　また，マズール（Mazur, 1997）が考案したピアインストラクションも，JiTT（Just-in-Time Teaching）と呼ばれる方法を用いてのテキストの予習と，それを前提としてのクリッカーを用いた ConcepTest・ピアディスカッションを連動させたシステマティックなアクティブラーニング型授業の戦略である。JiTT（cf. Novak, 2011; Novak et al., 1999; Rozycki, 1999）とは，ウェブベースでの予習，そこでの理解の結果を反映させての授業運営の方法のことである。学生は，テキストを予習して，ウェブ上の問題に解答して授業に臨むように義務づけられている。この解答結果（情報）は，ウェブシステムを通じて教員に送られ，教員はその日に扱う授業内容について，学生がどの程度予習で理解できているかを授業前に知ることができる。そして，結果次第では，授業でのある部分の説明を少し豊かにしたり削ったりする。マズールは，この JiTT を教授学習システムのなかに組み込み，学生の事前の理解の程度をもとに，その日の授業を組み立てるのである（あるいは組み立て直すのである）。

　安永の LTD 話し合い学習法を反転授業と呼ばないのは，協同学習の流れで考案されたものだからだろうが，ほかにも，オンライン教材を用いていないからだという理由も考えられる。MOOCs をはじめとする ICT の発達とともに登場した反転授業は，上記の説明（講義パートを授業外学習に移動させて，対面教室では講義パートの理解を確認したり深めたりするアクティブラーニングの時間とすること）に加えて，対面学習とオンライン学習の組み合わせという意味でのブレンディッド学習（blended learning）だと説明されることも多い（Strayer, 2012；山内・大浦，2014）。しかし，ピアインストラクションは，JiTT やクリッカーといった ICT を駆使するブレンディッド学習の特徴を併せ持つが，それを反転授業とは呼ばない。

　講義パートを授業外学習（予習）にまるまる移動させて，対面教室では講義パート

の理解を確認したり深めたりする時間とすると特徴づけることがある。また，ICTを用いてブレンディッド学習だと特徴づけることがある。しかし，それだけでは完全な反転授業の定義にはなり得ない。登場時には，反転授業はMOOCsというICTとセットとなって提案されたが，実際に取り組まれている反転授業を見ると必ずしもそうはなっていない。本書別冊の実践編をご覧になってもわかるように，MOOCs教材を用いて予習をさせている事例は一つもないのである。

● 3-4 学習と成長パラダイムに基づく反転授業

筆者の理解では，反転授業は構図Bに基づく，徹底的なアクティブラーニング型授業を作り出す戦略（の一つ）である。

反転授業をアクティブラーニング型授業のなかに位置づけるか否かは，理論的作業の大きな分かれ目である。反転授業が，これまでの学習論や学習戦略と摺り合わせて理論的に位置づけられないまま，単なる講義内容をより理解させる，より深く学ばせるだけの学習法として提案されるだけならば，議論は反転授業以上のものとならない。良くも悪くも，反転授業を埋没的に紹介しただけのものとなる。しかし，上述してきたように筆者は，これまでの学習論や学習戦略と摺り合わせて理論的に位置づけたいと考えてきた。そして，理論的な位置づけの決定的なポイントは，反転授業が他の学習戦略に比べてどこで勝っているかを見て取ることであった。この思考で見えてきたものが，90分という対面教室の時間で，まるまるアクティブラーニングをおこなうことができるというその時空間であった。その対面教室という時空間をどのような性格のものにするかは，次項で述べる「習得型」「探究型」と分類されるアクティブラーニングの型によって説明される。説明を続けよう。

● 3-5 習得－活用－探究の学習プロセスを重ねて

山内・大浦（2014）では，反転授業の二つの類型として，「完全習得学習型」と「高次能力学習型」を挙げている。完全習得学習型とは，全員が一定基準以上理解することを目指すものである。高次能力学習型とは，読解・作文・討論・問題解決等の活動を通して，高次思考力や21世紀型能力を身につけることを目指すものである。

実質的には，この「完全習得学習型」「高次能力学習型」でもいいのだが，本書では初等中等教育で使用されている習得－活用－探究の学習プロセス（安彦, 2016）に用語を合わせたく，それぞれを「習得型」「探究型」と置き直す。習得型は，主として基礎的な知識・技能の習得を目指す反転授業を指し，探究型は，主として課題を

通しての問題解決学習やプロジェクト学習，ひいてはそれらの学習を通しての思考力・判断力・表現力等の資質・能力を育成することを目指す反転授業である。活用は，習得型と探究型の両方にまたがるものととらえる。もちろん，反転授業はアクティブラーニング型授業の一つであるという理論的位置づけから，この「習得型」「探究型」はその他のアクティブラーニング型授業を類型する場合にも用いられてよい。

【引用・参考文献】
安彦忠彦（2016）．「習得から活用・探究へ」溝上慎一［編］『高等学校におけるアクティブラーニング―理論編』東信堂，pp.62-93．
稲垣 忠・佐藤靖泰（2015）．「家庭における視聴ログとノート作成に着目した反転授業の分析」『日本教育工学会論文誌』**39**(2), 97-105．
重田勝介（2014）．「反転授業―ICTによる教育改革の進展」『情報管理』**56**(10), 677-684．
土佐幸子（2014）．「反転授業の長所と短所を探る―「反転」ではなく「事前」授業を」『大学の物理教育』**20**(2), 61-65．
中野 彰（2014）．「反転授業の動向と課題」『武庫川女子大学情報教育研究センター紀要』**23**, 35-38．
バーグマン，J.・サムズ，A.／東京大学大学院情報学環 反転学習社会連携講座［監修］上原裕美子［訳］（2015）．『反転学習―生徒の主体的参加への入り口』オデッセイコミュニケーションズ
溝上慎一（2014a）．『アクティブラーニングと教授学習パラダイムの転換』東信堂
溝上慎一（2014b）．「学校から仕事へのトランジションとは」溝上慎一・松下佳代［編］『高校・大学から仕事へのトランジション―変容する能力・アイデンティティと教育』ナカニシヤ出版，pp.1-39．
溝上慎一（2017a）．「アクティブラーニング論の背景」溝上慎一［編］『高等学校におけるアクティブラーニング 理論編（改訂版）』東信堂（印刷中）
溝上慎一（2017b）．「大学教育におけるアクティブラーニングとは」溝上慎一［編］『高等学校におけるアクティブラーニング 理論編（改訂版）』東信堂（印刷中）
溝上慎一（2017c）．「初等中等教育における主体的・対話的で深い学び―アクティブ・ラーニングの視点」溝上慎一［編］『高等学校におけるアクティブラーニング 理論編（改訂版）』東信堂（印刷中）
安永 悟（2006）．『実践・LTD話し合い学習法』ナカニシヤ出版
安永 悟（2012）．『活動性を高める授業づくり―協同学習のすすめ』医学書院
山内祐平・大浦弘樹（2014）．「序文」バーグマン，J.・サムズ，A.／山内祐平・大浦弘樹［監修］上原裕美子［訳］『反転授業』オデッセイコミュニケーションズ，pp.3-12．
Amresh, A., Carberry, A. R., & Femiani, J. (2013). Evaluating the effectiveness of flipped classrooms for teaching CS1. Frontiers in Education Conference, 2013

IEEE. 〈http://ieeexplore.ieee.org/stamp/stamp.jsp?tp=&arnumber=6684923&isnumber=6684765（最終閲覧日：2014 年 5 月 1 日)〉

Berrett, D. (2012). How 'flipping' the classroom can improve the traditional lecture. *The Chronicle of Higher Education: Teaching*, February 19, 2012. 〈http://chronicle.com/article/How-Flipping-the-Classroom/130857/（最終閲覧日：2014 年 5 月 1 日)〉

Bonwell, C. C., & Eison, J. A. (1991). *Active learning: Creating excitement in the classroom.* ASHE-ERIC Higher Education Report No.1.

Flipped Learning Network (2014). The four pillars of FLIP™. 〈http://blogs.gre.ac.uk/pcnb/files/2015/07/FLIP_handout_FNL.pdf（最終閲覧日：2016 年 9 月 24 日)〉

Herreid, C. F., & Schiller, N. A. (2013). Case studies and the flipped classroom. *Journal of College Science Teaching*, **42**(5), 62–66.

Lage, M. J., Platt, G. J., & Treglia, M. (2000). Inverting the classroom: A gateway to creating an inclusive learning environment. *Journal of Economic Education*, **31**(1), 30–43.

Marton, F., & Säljö, R. (1976). On qualitative differences in learning—II: Outcome as a function of the learner's conception of the task. *British Journal of Educational Psychology*, **46**, 115–127.

Mazur, E. (1997). *Peer instruction: A user's manual.* New Jersey: Prentice Hall.

McLaughlin, J. E., Gharkholonarehe, N., & Esserman, D. A. (2014). The flipped classroom: A course redesign to foster learning and engagement in a health professions school. *Academic Medicine*, **89**(2), 1–8.

Novak, G. M. (2011). Just-in-time teaching. *New Directions for Teaching and Learning*, **128**, 63–73.

Novak, G. M., Patterson, E. T., Gavrin, A. D., & Christian, W. (1999). *Just-in-time teaching: Blending active learning with web technology.* Upper Saddle River, New Jersey: Prentice-Hall.

Pierce, R., & Fox, J. (2012). Vodcasts and active-learning exercises in a "flipped classroom" model of a renal pharmacotherapy module. *American journal of Pharmaceutical Education*, **76**(10), 1–5.

Roehl, A., Reddy, S. L., & Shannon, G. J. (2013). The flipped classroom: An opportunity to engage millennial students through active learning. *Journal of Family and Consumer Sciences*, **105**(2), 44–49.

Rozycki, W. (1999). *Just-in-time teaching. Research and Creative Activity (Office of the University Graduate School at Indiana University)*, Volume 22, Number 1.

Strayer, J. F. (2012). How learning in an inverted classroom influences cooperation, innovation and task orientation. *Learning Environments Research*, **15**(2), 171–193.

Study Group on the Conditions of Excellence in American Higher Education (1984). *Involvement in learning: Realizing the potential of American higher education.* Washington, D.C.: National Institute of Education, U.S. Department of Education.

Talbert, R. (2012). Inverted classroom. *Colleagues*, **9**(1), 18–19.
Tucker, B. (2012). The flipped classroom: Online instruction at home frees class time for learning. *Education Next*, **12**(1), 82–83.

第1部
反転授業がもたらした学びの環境

01 「わかったつもり」を「わかった」へ導く反転授業の学び

森　朋子

1　浮かび上がったアクティブラーニングの課題

　小学校から大学までの一体的な教育改革が推し進められている中で，まさにアクティブラーニングは大学のみならず，小学校や中・高等学校にも急速に広がりつつある。さらにその範疇は，今や授業やカリキュラムの方法論にとどまらず，大学や学校の経営やブランド力の強化にも用いられ始めている兆しが見えている。こうなるとアクティブラーニングは，単なる方法や形の話のみならず，学習のあり方や知識がもつ価値の変容までにも踏み込んだ大きな改革の核として位置づけられている。それらはとうとう大学入試改革が議論され始めたことでも明らかだ。網羅的に広く浅く暗記した内容を，限られた時間の中ですばやく正確に再生産することを目的とした知識再生型による選抜から，深い思考を基盤として新たな知識を産み出す知識構成型の接続へと，日本の大学入試がようやく大きく舵を切ろうとしている。課題は山積みではあるものの，教育の理念が机上の空論ではなく，まさに生徒や学生の日常である教育現場で展開されようとしている。

　この状況を受けて，多くの現場で導入され始めたアクティブラーニングではあるが，その反面，すでにいくつかの課題も浮き彫りになっている。授業を対象にした学習研究を専門としている著者は，これまでも多くのアクティブラーニング型授業を参観してきた。本章ではまずそこで感じたアクティブラーニングの課題を著者なりに整理してみよう。

　アクティブラーニングの課題を，①外化（知識のアウトプット）と，②内化（知識のインプット）にまつわるものに分けて整理してみる。教育現場から聞こえてくるアクティブラーニングの課題は，今現在，主に外化に関係するものが多い。その中

でもグループ学習に関する問題は深刻だ。アクティブラーニング＝グループ学習に置き換えられるくらい，グループ学習はアクティブラーニングの中核を成しており，まさにグループ学習の成功がアクティブラーニングの成功といっても過言ではないだろう。でも現実にはそのグループ学習がうまく行かないのだ。例えば，仲間の功績にただ乗りするフリーライダーの存在，またそれを避けるために導入されたグループ学習の過度な構造化が引き起こす自分の担当箇所以外への無関心さ，またそもそもグループ学習に適切でない課題提示などが挙げられる（森, 2015）。その中でもここではフリーライダー問題を取り上げよう。これもまた授業を参観した結果によれば，フリーライダーには2つのタイプがあることが明らかになった。〈意図したフリーライダー〉と〈無意識なフリーライダー〉だ。前者は活動と思考，双方ともにグループ活動に参加しておらず，教員やファシリテーターからもその参加していない状況は目に見えてわかりやすい。結果，声掛けや作業の確認などの教員側からの介入によって多少の改善がみられるのが特徴だ。しかし深刻なのは後者の〈無意識なフリーライダー〉である。グループ学習は往々としてリーダーシップを発揮する数名の学習者によって進められる場合がある。その場合，一人ひとりのメンバーが考える間もなく次々と提案がなされ，段取りが組まれていく。以下はその事例である。

（教員の提示した課題に関して）
学生A：どうしよう，●●でいっか？
学生B：そうだね。
学生C：（うなずき）
学生A：▲▲もこんな感じでいいよね？
学生B, C：（うなずき）
学生A：そしたら私がここやっておくから，Bはここ，Cはこっちでいい？
学生B：私はここだね？
学生A：そうそう。……

（2015年A大学の事例）

全体として作業はスムーズに進んだグループの事例であるが，学生Aのリーダーシップのもと，学生BとCの思考は果たしてアクティブだろうか。学生Aの提案を批判的に検討したり，新たなアイディアを提示し，それらをグループで吟味す

るような深い議論は行われていない。これではグループ学習においても，思考が活性化する学生とそうでない学生の間に差が広がるばかりである。これでは個々の理解は深まらない。一斉授業からアクティブラーニングへの転換で乗り越えたと思っていた学習の格差は，アクティブラーニングにおいてもこのような形で残存しており，アクティブラーニングでは理解が深まらないと漏れ聞こえる噂の根拠はまさにここにあると著者は考えている。

そもそも学習における他者の存在に注目した研究は，みんなと学習することで，個人の伸びしろを発見したヴィゴツキーの発達の最近接領域（ヴィゴツキー，2005）に依拠するであろう。ヴィゴツキーは発達を扱い，実験が子どもだったこととグループ学習の効果は直接に論じることは少し飛躍があるかもしれない。しかし多くの人が自らの経験として，うまく行ったグループ学習での学習の深さを感じており，それらはヴィゴツキーの論とは決して無関係ではない。

無意識なフリーライダー問題に戻ろう。しかし実際に授業に参与し，学生・生徒の「わかった」を研究対象にしている著者の立場からすれば，学習者ばかりが悪いわけではない。多くのアクティブラーニングの授業では，その場で課題が出され，十分に思考する間もなくアクティブな外化が求められる場合が多い。その場で考え，その場で思考を外に表すことを求められる現状は，アクティブラーニングが抱えるもっとも深刻な課題を浮き彫りにする。それはアクティブラーニングの課題の2番目にあたる内化の不足である。外化するためには，外化したい内容が不可欠であるはずが，そこが十分ではないことで，思考と活動とのかい離が起こってしまう。この状況を松下（2015）は，「「外化のない内化」がうまく機能しないのと同じように，「内化のない外化」もうまく機能しない。内化なき外化は盲目であり，外化なき内化は空虚である」と表現している。だからこそ外化中心のアクティブラーニングは，今現在，主にコンピテンシーの育成を目指したプロジェクト学習や探究活動の教育方法として捉えられがちであり，より深い理解や知識の定着を目指す専門教育・教科教育の基礎的科目への導入が難しいとされてきたのである。

そもそも脳は，得た知識を活用しなければ，すぐに忘れてしまう出力依存型なので，知識の習得や深い理解には，受け取った知識を活用することがそもそも不可欠である。それはこれまでも専門教育・教科教育の基礎は，多くの教員の経験値として講義と演習，つまりインプットとアウトプットという組み合わせが有効であることがわかっているのと同じ理論である。さらに演習というアウトプットを，グループ学習形態にすれば，それこそアクティブラーニングを導入したことになり，内化

を伴う外化活動とグループ学習効果でより深い理解を促す授業デザインが構築できるはずである。つまり専門教育・教科教育において基礎学力を担保しなければならない授業こそに，アクティブラーニングの導入が必須だということだ。

2 反転授業のデザイン

　これらの課題が見え隠れするアクティブラーニングの中で，外化にまつわることに関しては，今後もアクティブラーニング全般で考えていかなくてはならない問題である。しかし内化不足に関して，まさに反転授業のデザインが解決の糸口をもっている。反転授業は動画の視聴と前提とすることが基本的な授業デザインであることから，まさに「教える」ということを通じて最初の内化が組み込まれているのだ。まさに内化から学びが始まるアクティブラーニングといっても過言ではないだろう。

　日本の高等教育では 2012 年ごろから実践が広がり始めた。学問分野としては自然科学系に導入された事例が多い。それは先行するアメリカで，多く学生の理解が深まったという事例が報告されていることに影響を受けているのだろう（サンノゼ州立大学など）。特に専門の基礎教育は，授業においてどうしても内化に時間をかける場合が多い。それは高校での未履修を含めた教育および学習格差と無関係ではない。授業の講義の中で教育内容の補足をすればするほど，知識をアウトプットする外化にかける時間が少なくなり，知識の定着部分はますます個人のやる気や日常の優先順位に依存する宿題になり，負のスパイラルに陥る。

　この現状を乗り越える 1 つの方略が，反転授業の導入だ。「教える」という最初の内化を動画化することで 2 つの大きなメリットが生まれる。まずは，①授業で「教える」を事前学習にすることで，外化という演習する時間を授業において長めに確保できるということ。さらにもう 1 つ，②として教員としては「教える」を補強することが可能であり，かつ学生は自分に合わせて「学ぶ」をカスタマイズすることができるメリットがある。教員は，授業で扱う内容を動画化するだけでなく，その内容の中で出現するさまざまな概念を，理解が難しいだろうと思われる学生のために別途，補足説明の説明を用意することが可能だ。それが高校の内容であれば，すでにいろいろな内容の動画が無料動画配信サイトにもアップされているので，授業担当者はそれらを取捨選択した上で，授業にマッチするサイトのリンクを貼っておけば，学生が自分の理解に合わせて，それらを自主的に活用することが可能になる。つまり事前に知識の差があるクラスであっても，教員は授業が始まる前に，いくつ

かの組み合わせパターンを準備することが可能であり，まさに学生は授業前に自らのニーズに合わせて事前に「教える」を組み合わせて学び，他学生とスタートラインを合わせて授業に臨むことができるのだ。つまり反転授業のデザインは，教員が準備した範囲の中ではあるが，学生が自らの理解度に合わせて主体的に「教える」を組み合わせて事前学習する環境が整っているともいえる。

● 2-1 反転授業のデザインタイプ

　世界で展開されている反転授業のデザインには，大きく分けて2つのデザインがあるとされている。山内（2014）はそれを完全習得学習型と高次能力育成型と名づけており，前者は，いわゆるクラス全員が事前学習した内容を授業の中で深く理解し，定着することを目的としており，ブルームの完全習得学習（マスタリーラーニング）の目的とも一致することからそのような名称になったのだろう。ただブルームの完全習得学習は，教育と評価の一体化によって底上げ教育を図るものである。反転授業においては，評価そのものの位置づけは重要ではあるものの，教育方法との一体化を前提としていないことから，本書では，①習得型と呼ぶ。また後者は，知識を活用するというコンピテンシーに注目することから，その学習レベルを〈高次〉として表しているタイプである。山内もスタンフォード大学等の研究大学におけるプロジェクト型学習（図1-1参照）を想定しているためであろう。しかし日本の教育

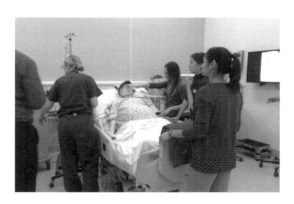

図 1-1　スタンフォード大学の反転授業の実習部分
（スタンフォード大学 HP より〈https://teachingcommons.stanford.edu/teaching-talk/flipped-classrooms-and-example-stanford-med（最終確認：2017年2月18日）〉）
知識は動画で事前学習として学び，授業ではよりグループ学習を基盤として患者ロボットを使った実習に時間を割いている。

表 1-1　習得活用型授業デザイン例

多くの授業が取り入れている授業デザイン事例。事前学習2の部分でオンライン小テストを実施する例もある。双方ともに事前学習の質を測るものである。

教育活動	学習活動	内化／外化
事前学習1	●講義動画視聴	内化
事前学習2	●該当箇所のノート作成等	外化
対面活動	●導　　入	―
	●グループによる演習	外化／内化
	●教員による演習の解答説明／講義	内化

場面では，初年次教育のような初学者レベルにおいても採用され得る授業デザインであることが明らかになったので，こちらも，②探究型としよう。ちなみに授業の目的に注目すれば，まさにアクティブラーニングにおいてもこの区分が有効だ。

　習得型をさらに掘り下げてみよう。動画で得た知識内容を，さらに深く習得する習得型は，すでに自然科学系に多く導入されていることを述べた。多くある習得型授業デザインは表 1-1 の通りである。事前に行う活動としては動画の視聴のほか，視聴したことを確認，または視聴を促すためのノート作成やオンライン小テストなどが組み込まれることが多い。そして対面授業である。授業は教員による最初の導入終了後，すぐに協働的なグループ学習に入る。課題内容をグループ全員がすべて理解することを目的に，学び合いが始まるのだ。最初は多少ぎくしゃくしているグループでも，小テスト等の評価を適切に設定することで，多くの授業で理解が遅い学生を中心に，グループメンバーを活用して必死に自らの理解を進めようとする。

　著者が関与した複数の授業において，このデザインを毎回の授業に導入した結果，ほぼすべての授業において学力の向上がみられた。特に研究フィールドとしていろいろな要因を統制した授業においては，前年度の講義演習型と比べて平均点が20点近く向上し，また三つコブラクダ状になっていた成績分布も正規分布に近い形になった。まさに知識定着を目的とした授業においては，教員の素養に限らず，成功しやすい授業デザインといえる。ただ何かと時間がない教員にとって，一番の難関は事前学習用の動画の作成である。今回は深くは触れないが，しかしこれもパワーポイントに音声を録音できる機能や直筆の書き込みができるソフトを活用することで，案外，簡単に作成することができる。

3 反転授業の学びの構造

ここからはアクティブラーニングとしての反転授業の効果について、学習研究の観点から、その学びの構造について考えてみよう。

● 3-1 〈教える〉の位置づけ

まずは授業内の活動において、〈教える〉がどのような位置づけになるのか、従来の講義型、一般的なアクティブラーニング型授業、そして反転授業の3つをエンゲストロームの活動理論を使って図式化しながら検討してみよう（エンゲストローム, 1999）。

まずは講義である。松下（2015）は講義における活動を次のように述べている。少し長いが引用する。「講義で活動の主体に位置づくのは教員であり、対象は学生である。教員は教科書や黒板などを道具として学生に知識を伝達し、その結果は試験やレポートによって評価される。教員と学生たちは、半期の間せいぜい週に一度顔をあわせるだけで、共同体は形式的にしか存在していない。教員と学生の間には、教員が話し、板書し、学生が聴き、ノートをとるという分業が成立している。出席はどのくらい必要か、遅刻や私語はどの程度認められるかなどのルールは、教員から直接伝えられることもあれば、暗黙のうちに示される場合もある」これを実際に活動理論システムモデル（activity system model）に書き起こしてみよう。〈共同体〉を実線ではなく点線で表しているのは、その役割が講義においてはあまり機能していないことを表した（図1-2）。

では一般的なアクティブラーニング型授業はどうだろう（図1-3）。大きな違いは、

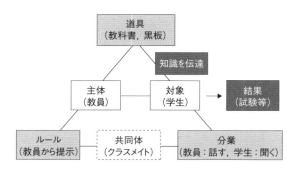

図 1-2 講義の活動理論システムモデル

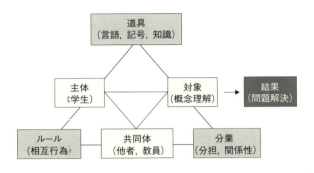

図1-3 一般的なアクティブラーニングの活動理論システムモデル

〈主体〉が学び手である学生であることだ。学生が〈対象〉とするのは概念理解であり，〈道具〉として活用されるべき知識が位置づけられている。〈共同体〉はグループ学習の導入において学びの共同体として実質的に機能し，教員も学びをサポートする立場から共同体の一員としてみなされる。その結果，問題解決がなされるのである。

次は反転授業の2類型で〈対象〉を考えてみよう。2つの反転授業の類型の中で大きく違うのは，その〈対象〉部分である。探究型（図1-4）は，アクティブラーニングと同様の〈概念理解〉が位置づけられており，その結果，問題解決を図ることから，基本的にはアクティブラーニングと同様の学びの構造を有していることになる。類似しているからこそ，その効果も，また生じている現場の課題もアクティブ

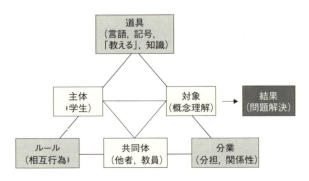

図1-4 反転授業 探究型の活動理論システムモデル

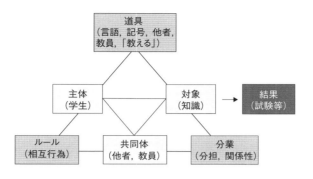

図 1-5 反転授業 習得型の活動理論システムモデル

ラーニングを踏襲しているのだろう。次に習得型（図1-5）はどうだろう。習得型の〈対象〉は，知識の獲得である。これは講義の場合と同様だ。そうなると探究型とアクティブラーニングの関係を思い起こさせるが，ところがそうはならない。大きな違いは授業における活動の〈主体〉が教員ではなく学生ということだ。

活動の〈主体〉が学生であること，また〈共同体〉が十分に機能するというこの2点は，探究型に限らず，習得型もアクティブラーニングと同様の構造をもつ。だからこそ対面授業での学生の活動は，講義と同じ同様の知識獲得という〈対象〉をもっていても，アクティブラーニングの効果が見込まれるのだ。この中で反転授業の最大の特徴は，事前学習における講義動画等の〈教える〉が登場することである。〈教える〉という活動の多くは教員が主体になるが，反転授業の場合は動画化することで，デジタル教科書としての役割に転じる。学生が自らのニーズや理解のレベルに合わせて必要なときに必要なだけ活用するスタイルだ。この場合は自らの理解を促進する〈道具〉として位置づけられるだろう。講義では〈教える〉はメインの活動だが，反転授業においては〈道具〉となるのだ。まさに学生はいつでもどこでも学生の都合で〈教える〉をスマートフォンに呼び出すことが可能となり，必要に応じて学生の理解のペースで何度でも繰り返し閲覧できるのだ。授業のアクティブラーニング中でさえ，手元のスマホで〈教える〉を呼び出している場面もあった。

従来の授業デザインは〈講義＋宿題〉，といったいわゆる〈教えてから学ぶ〉というプロセスを基盤にしている。しかしこれが習慣になってしまうと，学生はいわゆる〈教えてくれないと学べない〉状況に陥る，またはそうと勘違いをする。これではいつまでたっても主体的な学びの姿勢は生まれない。〈教える〉を道具として自

らの〈学ぶ〉を豊かにしてこそ，主体的な学びの在り方である。反転授業はまさにそれを具現化する授業デザインという点において，従来のものとは違う学びの可能性を見せている。

● **3-2　内化 – 外化 – 内化の往還**

　次は反転授業のデザインを，内化と外化の関係性に注目して検討してみよう。調査している習得型において，基本のデザインや学生の活動の様子は類似している。しかしその中でも，成績が格段に伸びる授業とそうでない授業があることが明らかになった。前述したように，内化の不足である。外化というアクティブラーニングは理解を深めることに重要な役割を果たすが，授業の時間内に，内容を理解し，そしてその場で出された課題にその場で臨む，「今，ここ」の能力を求められる傾向があることは否めない。じっくりと深く思考するよりも，まさに早く情報を処理することが優先されるのだ。

　ではどうしたらよいのか。その要を探るために，学生対象に実施された質問紙調査のコメントを分析してみると，多くの学生が，通常の講義演習型よりも，反転授業の方がよいと答えている中で，課題として「教えてほしい」「結局，正解がよくわからなかった」「グループの中で誰も正確にわからなかった」という意見も多く書かれていることが明らかになった。そこから成績が上がった授業のデザインをもう一度確認してみると，それらの授業は，最初の動画のみならず最後に教員がまとめという教授活動を行っているのだ。情報提供ともいえる最初の内化ではなく，学生がアクティブラーニングによって自らの思考プロセスを外化する中で表出した疑問や課題を教員が回収し，授業の最後に一段高い認知面から授業でのまとめを行っているのだ。動画によってまずは内化した内容を，ノートの作成やグループ学習による外化を通じて理解を深めるにとどまらず，外化することでさまざまに生じる疑問や課題を，教員が最後に「教える」という行為を通じて解消することによって，学生の再内化が完了することになる。

　エンゲストローム（2010）の「探究的学習のサイクル」の考え方では，その出発点は，学習者の実践活動の中で起きる実際の問題やコンフリクトであり，その学習サイクルは，①動機づけ，②方向づけ，③内化，④外化，⑤批評，⑥統制という6つのステップの学習行為から成るとしている。エンゲストロームの学習サイクルにおいては，内化と外化は順次性が示されているが，それは一方通行ではなく，往還サイクルにあることを松下（2015）も指摘している。往還とは，外化された対象に

学習者が中から積極的に働きかけることによって，既存知識の修正や発展が促進され，新たな内化が促されることに他ならない。繰り返しになるが，そもそも脳は出力依存型なので，外化を通じて初めて「教える」でインプットされた借りものの知識を自らの知識として活用することになる。そして使ってみてはじめて，疑問や躊躇，失敗などのまさに深い学習に不可欠な学習条件が産出される。外化という，自らの既存知識と新たな情報のすり合わせが行われる葛藤にも似た試行錯誤の時間が，まさに理解に向けてのプロセスになるのだが，この外化をもって授業が終了してしまうと「わかったつもり」で終わってしまう。深い理解を促すことが授業目的であれば，まさにアクティブラーニングは目的ではなく，最後の内化である「わかった」を導くための1つの装置，または手段として位置づけられるだろう。

　これを先ほどの習得型の事例に当てはめてみる。事前学習と対面授業合わせて，上記の内化と外化が往還されているのがおわかりだろうか。外化を行うことを通じてはじめて，不十分だった内化の事実に気がつき，課題や疑問が生じるのだ。その課題や疑問を解決すべく，クラスメイトや教員の力を借りる教え合い・学び合いが展開される。多くのアクティブラーニング型授業では，ここで授業が終了する。

　シュワルツとブランスフォード（Schwarz & Bransford, 1998）は，既有知識を発達させる方法について，いくつものバリエーションを用いて実験した結果，〈学んでから教える〉形が，一番理解が進んだことを報告している。まさにこの理論が反転授業の習得型の成果を後押ししており，教員の重要な活動の1つである「教える」を，いつ行うのか，という問題意識にもつながっていく。

　内化と外化の往還を，動画という手段もって内化から始める反転授業は，その授業の最後を〈教える〉という内化で締めくくることで効果が上がる。さらにLMS（ラーニング・マネジメントシステム，学習管理システム）のログを調べると，学生が授業で終わった内容の動画を任意で閲覧していることも明らかになった。予習先行型の反転授業においては，授業が終わったあとにさらに外化と内化の往還を止めない環境が整っており，学生が望めば，いつでも本棚の本を取るように，「教える」を自らのスマートフォンに呼び出すことができるのである。そしてスマートフォン1台あれば，電車の中でも，アルバイトの休憩時間でも，場所や時間を問わず，好きなだけ何度も繰り返し「教える」を道具として使えるのだ。内化と外化をいかに組み合わせて，学生が対象世界と自己を往還できるようにするかが反転授業のデザインを構築する際のコツであった。でもそれは反転授業に限らない。アクティブラーニングや講義も含む，すべての教授デザインにいえることである。

● 3-3　個人 - グループ - 個人の往還

　知識習得に大きな効果が表れる要因は，内化 - 外化 - 内化の授業デザインのプロセスに加えて，もう1つ大きなポイントがある。それはグループ学習のプロセスである。反転授業に限らず，アクティブラーニングで導入されるグループ学習のほとんどに，フリーライダーが表れやすいことはすでに述べた。思考と活動のかい離の問題は，圧倒的にこの意図していないフリーライダーが原因であることが多い。

　その解答もまさに教育現場にあった。うまく行っているグループ学習は，このフリーライダーを産み出すメカニズムを回避するために，個人の活動を基本としてるのである。最初からグループで課題に取り掛かるのではなく，グループメンバーがまずは個人で課題に取り組み，自らの「わかったつもり」を作った後にその結果をシェアするグループ学習を行うのだ。個々個人のいろんなレベルの「わかったつもり」は，いろいろな解答のバリエーションを生む。たとえ解答は一致しても，そこにたどり着いた思考のプロセスはみな違うはずである。これだと誰か一人の意見のみでグループ学習が進んでしまう危険性は少ない。ただ「わかったつもり」をシェアするにとどめてしまうと，自分の意見を言うだけの，言いっぱなしグループ学習になってしまう。だからこそ，次のステップでは，グループメンバーの「わかったつもり」をすり合わせて，グループで1つの最適解を作る統合の作業が必要になる。異なるものをすり合わせるこの活動において，自らの考えを発信するだけでなく，相手の意見を傾聴し，共通性を見つけたり，差異を明らかにしたりという必然性が生まれるのだ。自らの「わかったつもり」とグループメンバーの「わかったつもり」のすり合わせをしながら，個々の「わかったつもり」の抽象度を上げていき，ひいてはグループ全体での「わかったつもり」という最適解を見出していく過程が，まさに主体的な学びであり，コンピテンシーや深い学習につながる学習活動といえよう。楽しいだけがグループ学習ではない。まさにいろいろなクエッションマークが飛び交うグループ学習の中においてこそ，深い学習は生まれるのだ。

　さらにグループの活動をここで止めてしまうのではなく，もう一歩進めよう。グループでの「わかったつもり」という最適解を，個人の「わかった」に落とし込む作業が必要である。例えばもう一度，その課題を自分一人で取り組んでみる，小テストなど類似の理解の表出に取り組んでみる，などである。いったんグループ学習によって共有知となった新たな理解を，もう一度，自らの既有知に結び付けて新たな理解を産み出す活動である。そうすることによって，アクティブラーニングにおけるグループ学習も，グループ学習そのものが目的ではなく，当初の個人の「わか

01 「わかったつもり」を「わかった」へ導く反転授業の学び　31

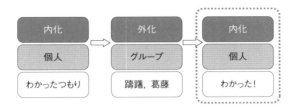

図 1-6　内化 - 外化 - 内化と個人 - グループ - 個人の組み合わせ
反転授業における習得型は，最後にもう一度，内化の活動を入れることで，個人の「わかった」を引き出すデザインが有効である。

ったつもり」を個人の「わかった」に再構築する〈装置〉という手段として位置づけることができるのだ。

　反転授業においては，まさに事前の動画視聴という個人の内化が担保されていることから，授業デザインによる前提として，「わかったつもり」を個人で作ってきてから授業での外化活動であるアクティブラーニングに臨める。そうすることで，まさにグループ学習という深い理解を促し，とコンピテンシーを育成する大事な〈装置〉を仕掛ける時間が十分に確保できるメリットが生まれる。また「わかったつもり」を作ることこそ学習者に任されているので，ある事例よれば，1回の授業準備に7時間もかける学生も存在した。まさにしっかりと事前学習をする学生，そうでない学生と，その「わかったつもり」の質も大きく違ってくることに，学習の格差はまだまだ解消できないが，その場その場での課題に対応するのではなく，じっくりと自らのペースで事前学習に臨める反転授業は，内化 - 外化 - 内化の往還の観点からも，個人 - グループ - 個人の往還の観点からも，主体的かつ効率のよいアクティブラーニングの一形態なのだ。

4　おわりに

　本章では，授業研究における学習研究の知見から，反転授業の中でも知識を習得することを目的とする習得型の効果を，学びの構造，内化 - 外化 - 内化の往還，そして個人 - グループ - 個人という3つのデザインの観点から説明した。反転授業の学びの構造を検討する中で，より深い学びを引き出すには，外化を活動の中心に据えるアクティブラーニングを通じて，「わかったつもり」を「わかった」に再構築す

ることが重要だとわかった。反転授業は，その内化を事前学習の〈教える〉で担保することで，内化－外化－内化の往還を組み込める高度な授業デザインであることから，アクティブラーニングがこれまで課題としてきた，思考と活動のかい離の改善に向けて，一歩を踏み出したといえるだろう。一見，〈教えてから学ぶ〉という従来の教授デザインが保持されているようにも見えるが，〈教える〉を動画化し，ICTの力を借りることで，〈教える〉は，学生自らの〈わかったつもり〉を作り上げるための道具として存在する。特に活用型は，その学びの構造により従来の講義とその目的と共有していても，学びの主体が学生に据えられていることによって，まさに教授から学習へのパラダイム転換を促しているデザインともいえよう。これまでアクティブラーニングが導入しづらく，知識の注入が展開されてきた基礎的科目に導入すると，より知識の定着が見込まれるはずである。「教える」をどれだけ学生が自らの学習を助ける道具として主体的に活用していくか，ということと，さらに個人の理解を基盤とした学習を，アクティブラーニングというグループ学習が展開される〈装置〉で「わかった」に再構成していくか，ということが重要だということだ。これは反転授業のみならず，アクティブラーニング型授業全般にいえることなのだが，反転授業はそもそも個人の内化を事前学習として前提していることから，まさにこれらを元から組み込んでいる授業デザインといえよう。

　佐伯（1975）では，覚える中心の学習は，「覚えた」をピークにあとは忘れていくので可逆的であるとしている。だからこそ自転車乗りを例として，「わかる」を経験すれば，忘れないので非可逆的な学習を推奨した。自転車乗りはそれこそ手続き記憶なので，「わかった」というよりも体が習得したことに他ならないが，佐伯が言いたいことは痛いほどに伝わる。産業革命以降，つい最近まで大量消費の時代であり，同じ商品を同じ品質で大量に生産することを社会が求めていた。もちろん学校・大学も社会のニーズを受けた人材育成を目指すことから，このような学習観，知識観が優先した。でも今，社会はまた大きく変容している。さまざまな経済不況や社会問題が渦巻く現代は，まさに情報基盤社会であり，固定した使わない知識をたくさん保有するよりも，いくつかの情報を組み合わせ，そこからさらなる革新を生み出す柔軟な知識観が求められている。現代のニーズにあった学習観，知識観を学校教育の授業デザインに反映するのであれば，まさに一度「わかったつもり」をそのまま固定させずに，対面授業でのグループ学習を通じて自らの理解にゆらぎを与え，他グループメンバーの「わかったつもり」を新たな情報として位置づけながら自らの「わかったつもり」を何度も何度も再構築していく学習プロセスが求めれ

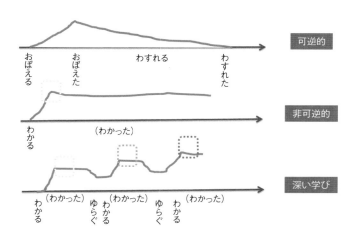

図1-7 深い学習（佐伯（1975）を改変）
佐伯（1975）では深い学習について，「覚える」は忘れるので，「理解する」を推奨していたが，新しい学習観では知識を固定せず，「ゆらぎ」を通じてわかりなおすことが求められる。

ている。現代に必要な学習観は，知らないことが増える累加型ではなく，「わかったつもり」を何度も何度も作り変えていく再構築型なのだ。反転授業はまさに授業において，現代ニーズを反映する再構築型の学習観をそのデザインの中に組み込んでいる。だからこそ知識の獲得とコンピテンシーの育成の双方が可能であり，世界中の目の前の学習者の理解を願う教員に取り入れられている理由なのだ。

でも反転授業は，事前学習を授業として組み込むことを前提としているからこそ，課題も見え隠れしている。それはカリキュラム・マネジメントの問題だ。効果がある，ということで，それぞれの授業担当者が独自で反転授業を導入したら，まさにカリキュラムで学んでいる学生はどうなるだろうか？　教員が多忙なように，学生や生徒も過密な時間割の中，学習において選択と集中をかけているのが残念ながら現状といわざるを得ないだろう。だからこそ事前学習の負荷が高い反転授業は，カリキュラムのどこにいつ配置するかを検討していかなければならない。1つの授業の連続性でまさに学生を育成していく，これにはまさに教員同士のアクティブラーニングが必要なのだ。

【引用・参考文献】

ヴィゴツキー, L. S.／柴田義松［訳］(2005).『文化的 – 歴史的精神発達の理論』学文社

エンゲストローム, Y.／山住勝広・松下佳代・百合草禎二・保坂裕子・庄井良信・手取善宏・高橋　登［訳］(1999).『拡張による学習―活動理論からのアプローチ』新曜社

エンゲストローム, Y.／松下佳代・三輪建二［監訳］(2010).『変革を生む研修のデザイン』鳳書房

佐伯　胖 (1975).『「学び」の構造』東洋館出版社

中西良文・中島　誠・下村智子・守山紗弥加・長濱文与・大道一弘・益川優子 (2015).「大学初年次教育科目における社会的動機づけに関する検討」『三重大学教育学部研究紀要』**66**, 261-264.

塙　雅典・森澤正之・日永龍彦・田丸恵理子 (2014).「反転授業における対面授業の設計と運営の重要性」『日本教育工学会第 30 回全国大会論文集』, 753-754.

松下佳代 (2015).「ディープ・アクティブラーニング―大学授業を進化させるために』勁草書房

溝上慎一 (2014).『アクティブラーニングと教授学習パラダイムの転換』東信堂

森　朋子 (2013).「初年次セミナー導入時の授業デザイン」初年次教育学会［編］『初年次教育の現状と未来』世界思想社

森　朋子 (2015).「反転授業―知識理解と連動したアクティブラーニングのための授業枠組み」松下佳代［編］『ディープ・アクティブラーニング』勁草書房

森　朋子・本田周二・溝上慎一・山内祐平 (2014).「アクティブラーニングとしての大学における反転授業」『日本教育工学会第 30 回全国大会論文集』, 749-750.

矢野浩二朗・森　朋子 (2015).「アクティブラーニングとしての反転授業の効果を検討する実証的研究」『第 21 回大学教育研究フォーラム発表論文集』, 188-189.

山内祐平 (2014).「ブレンディッドラーニングの視点から」島根大学反転授業公開研究会基調講演（当日のレポートは東京大学大学院・情報学環　反転学習社会連携講座 Seminar Report に掲載〈http://flit.iii.u-tokyo.ac.jp/seminar/20140212-2.html（最終閲覧日：2015 年 8 月 17 日)〉）

Baker, J. W. (2000). The "Classroom Flip": Using web course management tools to become the guide by the side. In J. A. Chambers (Ed.), *Selected papers from the 11th International Conference on College Teaching and Learning*, Jacksonville: Florida Community College at Jacksonville, pp.9-17.

Bergmann, J. & Sams, A. (2012). *Flip your classroom: Reach every student in every class every day*. Eugene: Intl Society for Technology in Education.（バーグマン. J・サムズ, A.／山内祐平［監訳］(2014).『反転授業』オデッセイコミュニケーションズ）

Kahn, S. (2012). *The one world schoolhouse, education reimagined*. London: Hodder & Stoughton; New York: Grand Central Publishing.

Sams, A. (2015).「アメリカにおける反転授業の最前線」東京大学大学院情報学環反転学習社会連携講座主催第 2 回公開研究会〈http://flit.iii.u-tokyo.ac.jp/seminar/002-2.

html（最終閲覧日：2015年9月4日）〉

Schwartz, D. L., & Bransford, J. D. (1998). A time for telling. *Cognition and Instruction*, **16**(4), 475–522.

Sfard, A. (1998). On two metaphors for learning and the danger of choosing just one. *Educational Researcher*, **27**(2), 4–13.

Wiggins, G., & McTighe, J. (2005). *Understanding by design*. Expanded 2nd ed. ASDC. Alexandria, VA: Association for Supervision and Curriculum Development.（ウィギンズ, G.・マクタイ, J.／西岡加名恵［訳］（2012）．『理解をもたらすカリキュラム設計―「逆向き設計」の理論と方法』日本標準）

02 アクティブラーニングとしての反転授業における教育効果（1）

本田周二・三保紀裕

1 はじめに

　本章は反転授業をアクティブラーニングの一形態として捉えた上で，反転授業内でのアクティブラーニングによる効果について検討を行うものである。アクティブラーニングは理論的な整理を行っている溝上（2014）に従えば，「一方向的な知識伝達型講義を聴くという（受動的）学習を乗り越える意味での，あらゆる能動的学習のこと。能動的学習には，書く・話す・発表するなどの活動への関与と，そこで生じる認知プロセスの外化を伴う」と定義される教授学習の概念である。これまでの講義一辺倒であった授業を脱却することと，学習を社会化することが大きなポイントであり（溝上, 2016a），反転授業における対面授業での活動は，授業内でのアクティブラーニングと同様のものであることが指摘されている（森, 2015, 2016）。このような反転授業の効果については現在，教育的実践の広まりと共に，さまざまな報告がなされるようになってきている。その多くは，当該科目における学習内容の理解が促進されることを示すものであった（例えば塙他, 2014; 森他, 2014 など）。

　現在注目されつつあるのは，反転授業におけるアクティブラーニングの効果である。アクティブラーニングの効果については一般的に，クラス全体の成績平均，学習意欲，深い学習アプローチといった指標の上昇などが考えられている（溝上, 2016b）。このうち，成績については学習内容における理解の促進を示すものとして効果指標に活用されることが多く，これまでなされてきた反転授業に関する効果の報告とも合致するものであった。ところが，学習意欲や深い学習アプローチなどについては，学習内容の理解促進を支えるものでありながら，効果指標としては取り上げられることが比較的少なかった。なお，学習アプローチとは学習内容に対する

アプローチの仕方を示すものであり，「浅い学習」と「深い学習」の2タイプがある。「浅い学習アプローチ」に個別の用語や事実だけに着目し，表面的な内容理解を行うアプローチの仕方を指すものである。そして，「深い学習アプローチ」は学習内容をさまざまな事柄と結び付けて考えることによって意味あるものとするアプローチの仕方である。これらは，授業をはじめとするさまざまな学習内容におけるアプローチの取り方を「深い」「浅い」といった形で弁別するものであり，状況に応じた使い分けがなされうるものである。

　反転授業の効果検証については現在，複数の研究者と授業実践者が集うプロジェクト研究が実施されている。ここでは成績情報のみならず，学習意欲や深い学習アプローチについても効果指標として取り入れた検討を行っている。そこで本章では，このプロジェクトにおけるデータの一部を活用し，反転授業によって学習意欲や深い学習アプローチにどのような変化がもたらされるのか，そして，このような変化をもたらす要因について，授業がもつ特徴との関係から検討してみることにしたい。

2　データからみる反転授業

　反転授業内でのアクティブラーニングを通じた効果，特に学習意欲や深い学習アプローチについての検討では，プレ・ポストによる調査が有効である。具体的には学習意欲や深い学習アプローチといったアクティブラーニングを通じて変化すると予測される量的指標を，反転授業の実施前（プレ）と後（ポスト）に同一内容によって測定する方法である。このプレ・ポストによる得点の変化と反転授業内のアクティブラーニングで実施されている事柄との対応関係から，教育効果の適否を判断するわけである。本章では，どのような反転授業がアクティブラーニングとしての効果を引き出すのかについて明らかにするため，プレ・ポスト調査による検討を行う。合わせて，ポスト調査時点においてたずねている，反転授業に対する自由記述にも着目してみることにする。ポスト調査では，これまで受けてきた一般的な授業と比べて反転授業の良かった点や，反転授業を経験する過程で気づいたことなどについての回答を求めている。プレ・ポスト調査での変化に加え，ポスト調査でたずねた上記の点について合わせて分析することにより，本章での問いをより明確なものとすることができるだろう。

02 アクティブラーニングとしての反転授業における教育効果(1)

● 2-1 プレ・ポスト調査の実施

1）調査対象

2013年度および2014年度に「反転授業の効果検証調査（代表：森朋子先生）」に参加した，14の授業において実施されたものである。プレ調査，ポスト調査の双方について回答を行った385名（男性257名，女性128名；1年生249名，2年生70名，3年生54名，4年生11名，不明1名）を分析の対象とした。

2）測定変数

（1）**学習アプローチ**　学習内容に対するアプローチの仕方を測定するものである。河井と溝上（2012）は，学習アプローチを「浅い」「深い」の2側面から測定する尺度を作成しており，「浅い学習アプローチ」「深い学習アプローチ」の2因子からなる16項目の尺度構成に成功している。具体的な項目をみると，「浅い学習アプローチ」は，「自分でテーマを考え抜かずに，教えられたことをただただ受け取る」「よりよいやり方を考えずに，ただなんとなく学習してしまうことがよくある」「自分がどこに向かっているか分からなくても，かたちだけで勉強を済ませる」などで構成されている。そして，「深い学習アプローチ」は，「自分がすでに知っていることと結びつけて，授業内容の意味を理解しようとする」「様々な見方を考慮して，問題の背景にあることを理解することが，私にとって重要だ」「授業で学んでいることについて，自分なりの結論を導くための根拠を注意深く調べる」などで構成されている。これらについて，プレ・ポストでの測定を行った。教示文として「これまでの授業に対する取り組み方，感じ方はどのようなものですか」と提示し，5件法（「1. 当てはまらない」から「5. 当てはまる」）での回答を求めた。なお，ポスト調査では，「この授業に対する取り組み方，感じ方はどのようなものでしたか」という教示を行った。

（2）**学習動機**　学習に対する意欲・姿勢を測定するものである。浅野（2002）は，学習に参加し続けるためには，積極的に学習に取り組む姿勢に加え，学習を継続しようとする意志が重要であることを指摘している。そして，これらを「積極的関与」「継続意志」として測定する尺度を開発している（5項目）。具体的な項目をみると，「積極的関与」として，「自分では，学習意欲は高い方だと思う」「自分では積極的に学習していると思う」「勉強は好きである」の3項目，「継続意志」として，「できるだけ長く勉強を続けたい」「常に学びたい気持ちがある」の2項目が用意さ

れている。これについても，プレ・ポストでの測定を行った。「あなたの学習意欲はどのようなものですか」という教示のもと，4件法（「1. 当てはまらない」から「4. 当てはまる」）で回答を求めた。なお，ポスト調査においても同様の教示を行った。

(3) 一般的授業と比較しての評価　反転授業を経験したことに対する意見についてたずねるものである。「一般の授業と比べて良かった点や反転授業を経験する過程で気づいたこと」について自由記述での回答を求めたほか，以下に示す3項目（「一般の授業よりも反転授業のほうが，学習内容の理解が深まった」「一般の授業よりも反転授業のほうが，授業に参加しているという感覚がもてた」「一般の授業よりも反転授業のほうが，学習へのやる気があがった」）に対して，それぞれ5件法（「1. 当てはまらない」から「5. 当てはまる」）での回答を求めた。本項目はポスト調査においてのみ回答を求めた。

なお，これらの変数の分析では，尺度得点については各下位尺度を構成する項目の総数を項目数で割った値を使用した。また，「一般的授業と比較しての評価」の3項目については，尺度得点と同様の処理をした上で分析を行った。

● 2-2　プレ・ポストを通じた得点の変化
1) 平均値からみた傾向

学習アプローチと学習動機の得点変化について，まずは対象とした14授業全てを取りまとめた全体での傾向についてみていくことにする。表2-1に示すとおり，統計的に有意な変化がみられたのは学習アプローチのみであった。「深い学習アプローチ」では平均値が3.41から3.34へと変化しており，0.07ポイントの低下がみられた。一方，「浅い学習アプローチ」では平均値が3.11から3.18へと変化しており，0.07ポイント上昇していた。学習動機については，有意差がみられなかった。これらの結果をみる限りでは，有意な変化はみられているものの，変動している数値が0.07と比較的小さく，あまり目立った変化がないようにみえる。反転授業にもさまざまなタイプがあるが，タイプごとの特徴などを考慮しないままに取りまとめた結果であるため，特徴的な傾向がみられなかったのかもしれない。そこで，反転授業のタイプ別からも得点変化の傾向をみてみることにする。

反転授業のタイプについては，森（2016）において説明されているように，二つのタイプがある。それは，1) 習得型，2) 探究型である。習得型は，学習内容の深い理解や知識の定着をアクティブラーニングによって図ることを目指すタイプであ

02 アクティブラーニングとしての反転授業における教育効果（1）

表2-1 授業ごとおよび授業タイプごとの尺度得点

		学問領域	実施年度	人数	深い学習アプローチ		評価	浅い学習アプローチ		積極的関与		継続意志		一般的授業と比較しての評価
					プレ	ポスト		プレ	ポスト	プレ	ポスト	プレ	ポスト	ポスト
習得型	授業A	化学	2013	28	3.32	3.27		3.35	3.52	2.68	2.57	2.41	2.61	3.05
	授業B	統計科学	2013	15	3.20	3.18		3.16	3.22	2.60	2.62	2.43	2.33	3.58
	授業C	工学	2013	46	<u>3.39</u>	<u>3.08</u>		<u>3.20</u>	<u>3.46</u>	2.52	2.43	2.50	2.51	3.27
	授業D	言語学	2014前期	27	3.78	3.65	○	2.41	2.53	<u>2.91</u>	<u>2.67</u>	3.17	3.13	3.75
	授業E	化学	2014前期	36	3.30	3.08		3.21	3.44	2.40	2.22	2.49	2.40	2.66
	授業F	言語学	2014前期	13	<u>3.23</u>	<u>2.59</u>		3.02	3.33	2.51	2.44	2.69	2.65	3.08
	授業G	化学	2014前期	66	<u>3.43</u>	<u>3.19</u>		3.24	3.31	2.58	2.45	2.63	2.66	2.33
	授業H	言語学	2014後期	17	3.40	3.46		3.12	3.21	2.31	2.32	2.24	2.38	3.73
	授業I	統計科学	2014後期	9	3.49	3.68		3.32	2.97	2.24	2.41	2.41	2.72	4.30
探究型	授業J	情報学	2013	43	3.39	3.52		3.02	3.06	2.48	2.40	2.35	2.45	3.19
	授業K	史学	2013	25	<u>3.79</u>	<u>4.06</u>	○	2.43	2.41	2.95	3.01	3.16	3.16	4.37
	授業L	農学	2014前期	23	3.47	3.51	○	<u>3.11</u>	<u>2.82</u>	<u>2.71</u>	<u>2.52</u>	2.65	2.48	3.70
	授業M	工学	2014後期	8	3.38	3.28		3.61	3.34	2.42	2.67	2.75	2.81	3.71
	授業N	情報学	2014後期	29	<u>3.16</u>	<u>3.41</u>	○	3.47	3.39	<u>2.00</u>	<u>2.30</u>	2.29	2.55	3.59
全体平均				385	<u>3.41</u>	<u>3.34</u>		<u>3.11</u>	<u>3.18</u>	2.54	2.48	2.58	2.62	3.24
習得型				257	<u>3.41</u>	<u>3.22</u>		<u>3.13</u>	<u>3.27</u>	<u>2.56</u>	<u>2.45</u>	2.58	2.61	3.04
探究型				128	<u>3.43</u>	<u>3.58</u>		3.06	2.98	2.50	2.53	2.57	2.64	3.64

※下線は統計的に有意だったものを示している。

る。事前学習で扱った学習内容を，対面授業における演習を通して定着を図る点が特徴である。そして，探究型は既存の知識を活用し，課題解決やプロジェクトを他者と協調しながら活動することで，社会に近い環境を整え，その中でさまざまなコンピテンシー育成を目指すものである。知識の定着よりも活用に主眼が置かれている点に特徴がある。このように，反転授業はタイプによって目的が異なるため，授業タイプによって得点変化の傾向が異なることは想像に難くない。実際，タイプ別にみた平均値の傾向は表2-1に示す通りとなった。

　習得型では，「深い学習アプローチ」「浅い学習アプローチ」「積極的関与」で有意差がみられた。それぞれの得点の変化についてみると，「深い学習アプローチ」では3.41から3.22へと変化し，0.19ポイント低下していた。ポスト時点での得点は，全

体平均と比べて 0.12 ポイント低い値であった。これに対し「浅い学習アプローチ」では，3.13 から 3.27 へと得点が変化しており，0.14 ポイント上昇していた。ポスト時点での値は，全体平均と比べて 0.09 ポイント高くなっていた。そして，「積極的関与」ではプレ・ポストを通じて 2.56 から 2.45 となり，0.11 ポイント低下する結果となった。

一方，探究型については「深い学習アプローチ」についてのみ有意差がみられた。平均値をみると，3.43 から 3.58 へと変化しており，得点が 0.15 ポイント上昇していた。ポスト時点での得点は，全体平均と比べると 0.24 ポイント高い値であった。なお，「浅い学習アプローチ」では有意な得点の変化がみられなかったが，ポスト時点での得点を全体平均と比べると，0.20 ポイント低い 2.98 という値を示していた。

これらを整理すると，全体としては特徴的な傾向をみることができなかったが，反転授業のタイプ別によって異なる傾向がみられた。習得型では「深い学習アプローチ」の得点が低下し，「浅い学習アプローチ」が上昇していたのに対し，探究型では「深い学習アプローチ」の得点が上昇していた。つまり，反転授業のタイプによって学習アプローチの変化傾向が異なり，特に「深い学習アプローチ」については真逆の傾向がみられた。

2) 個別の授業における得点の変化

表 2-1 からもわかるように，授業タイプのみならず，授業ごとにみても得点変化の傾向は大きく異なっていた。ここでは，本章で注目している学習アプローチ，特に深い学習アプローチに着目し，授業内で深い学習アプローチが生じている授業はどのような特徴をもっているのかについて，項目単位での分析からもみていくことにしたい。

個別の授業を分析するにあたり，ここでは 14 ある授業の中から二つの事例抽出を行うことにする。授業抽出の基準として，ここではアクティブラーニングの効果の一つとされている，ポスト時点における「深い学習アプローチ」の得点に着目する。前掲した表 2-1 に「評価」として示されているのは，「深い学習アプローチ」の得点（ポスト時点）からみた各授業の評価である。○がついているのは全体平均と比べて得点が高い授業，◎がついているのは得点が 4.00 を越えている授業である。授業ごとの得点をみると，○以上の評価を得ていた授業は 7 科目（習得型 3 科目，探究型 4 科目）であった。そのうち，唯一◎評価であったのが授業 K であった。一方，「深い学習アプローチ」の得点がポスト時点で最も低かったのは授業 F（2.59）

であった。本章ではポスト時点で「深い学習アプローチ」の得点が最も高かった授業，低かった授業のそれぞれに着目し，授業K，授業Fを事例として抽出した。

(1) 授業Kの事例　授業Kは2013年度に実施された史学系の授業科目であり，探究型に該当する科目であった。まず尺度得点の傾向についてみると，有意な得点変化がみられたのは「深い学習アプローチ」のみであった。プレ・ポストともに全体平均よりも高く，3.79から4.06へと得点が上昇していた。その他の得点の傾向として，「浅い学習アプローチ」はプレ・ポストともに全体平均よりも低かったが，「積極的関与」「継続意志」は全体平均よりも高い値であった。また，「一般的授業と比較しての評価」についてはどの授業よりも高く，4.37と非常に高い値を示していた。

この授業Kにおける傾向を項目別にみたものが表2-2である。全体での結果と合わせて記載している。みると，ポスト時点における「深い学習アプローチ」「積極的関与」「継続意志」「一般的授業と比較しての評価」の各項目の得点は，いずれも全体平均より高い値を示していた。そして，ポスト時点の「浅い学習アプローチ」における各項目の得点は，いずれも全体平均より低い値であった。しかし，プレ・ポスト間で有意な変化が生じていたのは「深い学習アプローチ」における「新しい考えを理解するとき，それらを現実生活と結びつけようとする」という項目のみであった。プレ時点では3.08と全体平均よりも低い値であったのが，ポスト時点では4.16へと上昇していた。ここでの変化が「深い学習アプローチ」全体での変化にも影響しているほか，授業内での学習の仕方として一番多く行われていた点であると推察することができよう。また，得点の変化はさほどみられなかったが，「深い学習アプローチ」「積極的関与」「継続意志」の得点はプレ時点でも高かった。このことから，元々高い学習意欲を持っている学生が科目を受講していたことも想定される。この学生達の学習意欲や深い学習アプローチについて，反転授業を通して維持させることができたとも考えることができる。

(2) 授業Fの事例　授業Fは2014年度前期に実施された言語系の科目であり，習得型に該当する科目であった。尺度得点の傾向についてみると，「深い学習アプローチ」についてのみ有意な得点の変化がみられた。3.23から2.59へと低下しており，ポスト時点での全体平均得点よりも低い値であった。その他のポスト時点での得点についてみると，全体平均よりも高い値を示していたのは「浅い学習アプロー

表 2-2 授業 F, K の各項目得点

		授業K		授業F		全体平均	
		プレ	ポスト	プレ	ポスト	プレ	ポスト
深い学習アプローチ	できるかぎり他のテーマや他の授業の内容と関連させようとする	3.64	4.00	<u>3.46</u>	<u>2.54</u>	3.40	3.36
	自分がすでに知っていることと結びつけて，授業内容の意味を理解しようとする	4.52	4.48	<u>4.00</u>	<u>2.85</u>	<u>3.98</u>	<u>3.73</u>
	私は，授業内容の意味を自分で理解しようとする	4.24	4.32	3.92	3.62	3.78	3.68
	様々な見方を考慮して，問題の背後にあることを理解することが，私にとって重要だ	4.12	4.24	2.92	2.38	3.44	3.40
	新しい考えを理解するとき，それらを現実生活と結びつけようとする	<u>3.08</u>	<u>4.16</u>	<u>2.94</u>	<u>1.77</u>	3.16	3.14
	授業のための読書の際，著者の意味することを自分から正確にわかろうとする	3.76	3.84	3.15	2.55	3.10	3.07
	学術的な読書の中で新しい考えに出会ったときは，じっくり考え抜く	3.60	3.80	3.15	2.62	3.26	3.21
	授業で学んでいることについて，自分なりの結論を導くための根拠を注意深く調べる	3.32	3.60	2.31	2.38	3.18	3.12
浅い学習アプローチ	自分でテーマを考え抜かずに，教えられたことをただただ受け取る	2.72	2.40	3.23	3.54	3.14	3.18
	授業内容を理解するのが難しい	2.44	2.08	3.08	3.31	3.36	3.38
	授業のテーマは，何を意味しているのか理解できない複雑なやり方で示される	1.60	1.88	2.23	2.54	2.68	2.72
	よりよいやり方を考えずに，ただなんとなく学習してしまうことがよくある	3.00	3.04	3.62	4.00	3.42	3.52
	自分がどこに向かっているか分からなくても，かたちだけで勉強を済ませる	2.72	2.80	3.08	3.15	3.22	3.26
	私は，教えられたことに対して，自分で深く考えずに受け取る傾向がある	2.36	2.80	3.23	3.62	3.13	3.24
	私が学んできたことの多くは，無関係でばらばらなままになっている	2.20	1.88	2.69	3.15	<u>2.80</u>	<u>2.94</u>
積極的関与	自分では，学習意欲は高い方だと思う	3.00	3.08	2.46	2.38	<u>2.65</u>	<u>2.51</u>
	自分では，積極的に学習していると思う	2.84	2.84	2.46	2.31	<u>2.54</u>	<u>2.45</u>
	勉強は好きである	3.00	3.12	2.62	2.62	2.43	2.47
継続意志	できるだけ長く勉強を続けたい	3.04	3.08	2.54	2.62	2.44	2.50
	常に学びたい気持ちがある	3.28	3.24	2.85	2.69	2.71	2.73
一般的な授業との比較	一般の授業よりも反転授業の方が，学習内容の理解が深まった		4.28		3.15		3.25
	一般の授業よりも反転授業の方が，授業に参加しているという感覚がもてた		4.52		3.15		3.29
	一般の授業よりも反転授業の方が，学習へのやる気があがった		4.32		2.92		3.19

※下線は統計的に有意だったものを示している。

チ」と「継続意志」であった。「積極的関与」「一般的授業と比較しての評価」は全体平均よりも低い値であった。しかし「一般的授業と比較しての評価」については，習得型の平均と比べると高い値を示していた。

項目単位でみてみると，「深い学習アプローチ」の「できるかぎり他のテーマや他の授業の内容と関連させようとする」「自分がすでに知っていることと結びつけて，授業内容の意味を理解しようとする」「新しい考えを理解するとき，それらを現実生活と結びつけようとする」の3項目においてのみ，有意な得点の変化がみられた。これらはいずれも得点が低下していた。授業における学習の仕方が，上記3項目が示すような方法をあまり採っていなかったということであろう。ポスト時点での得点に注目すると，「深い学習アプローチ」の値は全体平均よりも全ての項目で低いものとなった。一方，「浅い学習アプローチ」の値は項目によって傾向が異なっており，「授業内容を理解するのが難しい」「授業のテーマは，何を意味しているのか理解できない複雑なやり方で示される」「自分がどこに向かっているか分からなくても，かたちだけで勉強を済ませる」の3項目は全体平均よりも低く，その他の項目は全体平均よりも高い結果となった。授業の性質上，「浅い学習アプローチ」を採ることが多かったが，内容理解が難しい内容ではない授業であったと考えることができよう。受講学生のポスト時点における学習意欲もさほど悪いものではなかったようであり，「積極的関与」では「勉強は好きである」が全体平均より高い値を示していた。「継続意志」の値も，「できるだけ長く勉強を続けたい」が全体平均より高かった。しかし，「一般的授業と比較しての評価」の値は，3項目ともに全体平均より低い値であった。

内容理解が難しいものではなく，学習意欲もさほど悪いものではなかったことから，「浅い学習アプローチ」を採ることが多い授業形態であったこと，つまり反転授業のデザインによる影響が反映された結果であるといえるかもしれない。

● 2-3 自由記述からみた反転授業の効果

これまでは学習アプローチ，学習動機という観点から，反転授業内でのアクティブラーニングの効果について検証してきた。ここでは，反転授業に対する意見をみることによってその効果について考えていくことにしたい。

1) 自由記述のカテゴリー分類

ポスト調査において「一般の授業と比べて反転授業の良かった点や反転授業を経

表 2-3　自由記述のカテゴリーと記述内容

カテゴリー	記述内容
主体性の向上	反転授業により主体的に授業に参加できた／自分で主体的に学ぶことが重要だと気付いた　など
予習の効果	予習でわかりづらかったところは集中して聞くなど，メリハリがついた／事前に予習している方が理解しやすい　など
グループワーク	他人の意見を聞くことで自分とは考え方が異なることに気付いた／学生という同じ理解度の人と相談できた点が良かった　など
自分のペース	自分のペースで学習が行える／動画なので分からないところは何度も見た　など
楽しさ	授業の雰囲気も良く，眠ったりすることもなくて，楽しく学べた／面白かった　など
気楽さ	事前に授業内容が分かり，当日気が楽に受けられる／早目に終われるので時間が作れて，少し楽だった　など
その他	先生と少しでも1対1で話せるのは良かった／その場で自分のミスを修正できた　など

験する過程で気づいたこと」について自由記述をたずねたところ，223名から回答が得られた。223名の記述から無効回答（「特になし」など，良かった点や気づいたこととしての記述としてカウントされない回答）を除いたところ，有効なコメント数は201であった。これらのコメントに関して，カテゴリー分類を行った。まず，2013年度の自由記述について，著者を含む3名の評価者がKJ法に準拠した形で分類を行った。その結果，「主体性の向上」「予習の効果」「グループワーク」「自分のペース」「楽しさ」「気楽さ」「その他」のカテゴリーに分類することができた（表2-3）。

「主体性の向上」は，「自主性，自主学習の意欲が促進された」「受け身ではなくなったのでそれは良かったと思った」「自分で主体的に学ぶことが重要だと気付いた」というように，大学での学びに対して受動的ではなく，主体的に取り組むことの重要さや習慣が身についたことに関する肯定的な意見を示すものである。大学教育では，教師主導型を主とする学習から，自分で知識を構築していく（学習していく）といった自主的な学習への転換が重視されていることがこれまでにも指摘されてきた（川島, 2010；絹川, 2010など）。しかし，近年の大学での学びがすべて自分で知識を構築していくという目的を達成できているとは言い難く，この学習観の転換は大学教育における大きな課題の一つとされてきた。本カテゴリーは，反転授業内におけるアクティブラーニングによって学習観の転換をもたらす可能性があること

を示唆するものであるといえよう。

「予習の効果」は，「予習でわかりづらかったところは集中して聞くなど，メリハリがついた」「宿題として予習をしているため，授業の理解が早かったと思う」「予習をせざるを得ない状況に置かれるので効果があったように思う」というように，反転授業の一つの特徴である事前学習に対する意見であった。半強制的に予習が組み込まれているため，やらされているという感覚も記述からは垣間見えるが，それに加え，やはりあらかじめ事前学習をしているため，授業内容の理解が早くなることに対してポジティブな意見をもっているようであった。

「グループワーク」は，「他人の意見を聞くことで自分とは考え方が異なることに気付いた」「他の人と動画課題などでわからないことがあれば，教えあうことで理解が深まった」「授業内で，複数人で問題を解くことで，理解が深まり，授業内容を頭の中で整理することができた」というように，反転授業内でのアクティブラーニングの部分に関する意見であった。自分が事前に学習して身につけた一定の理解が対面授業時におけるグループワークによって深化していく過程が表れている。これは森ら（2015）において論じられている，反転授業における学びのプロセスの特徴（わかったとゆらぎを行き来するサイクルを繰り返すことにより学びが定着していく）と一致している。

「自分のペース」は，「自分のペースで学習が行える」「過去の授業データが好きなタイミングで閲覧できた」「動画なので分からないところは何度も見た」というように，反転授業の一つの特徴である，動画による学習によって授業中以外に自分の都合のよい時間に学習することができることに対するポジティブな意見によって構成されている。予習だけでなく，復習やわからないところを何度も見直すことができるという点についても評価が高いことが記述から明らかとなった。

「楽しさ」は，「授業の雰囲気も良く，眠ったりすることもなくて，楽しく学べた」「面白かった」といった，反転授業において作り出された対面での環境に対する快感情を表したものである。授業への積極的な参加を促すには授業への内発的な動機づけが重要となるが，楽しさはまさに内発的に動機づけられている状態であると考えられ，反転授業に対するポジティブな評価として考えることができる。

「気楽さ」は，「事前に授業内容が分かり，当日気が楽に受けられる」「早目に終われるので時間が作れて，少し楽だった」といった記述であった。ここには，事前に学習をしていることにより，授業を受ける際の心理的な負担が軽くなるという側面と，学びを事前に踏まえていることで当日の活動量という物理的な面での負担が軽

くなるという側面が含まれていた。物理的な面での負担の軽減という部分においては，すべての授業においてそれが当てはまるわけではないが，心理的な負担の軽減という部分においては，授業に対して抱いていたネガティブな側面について，反転授業を導入することによって軽減することができるという点で重要であると考えられる。最後の「その他」のカテゴリーは，上記した六つのカテゴリーに当てはまらない記述がいくつも含まれていた。

2）反転授業タイプおよび個別授業でのカテゴリー

　反転授業のタイプごとにどの程度の記述がみられたのかを明らかにするために，習得型と探究型ごとのカテゴリーをまとめたクロス表を作成した（表2-4）。x^2検定を行ったが，統計的に有意な差はみられなかったため，ここでは，全体的な傾向を述べる。まず，「予習の効果」「グループワーク」についての記述が，習得型，探究型のどちらにおいても多いことがわかる。そして，「自分のペース」「主体性の向上」がその次に多く記述されており，「楽しさ」や「気楽さ」といったカテゴリーに当てはまる記述はそこまで多くはみられなかった。

　次に，タイプによる違いをみると，習得型では，「予習の効果」に関する記述が最も多くなっていた。習得型は，教育内容のレベルを受講者全員が達成することを目標としているものである。事前学習した内容を対面場面における活動を通しながら繰り返すことで，学習者への深い理解を促進させるという目的が，記述の多さからもある程度達成できているものと判断できる。一方，探究型では，「グループワーク」に関する記述が最も多かった。探究型は事前学習で得た知識を，対面授業における別課題で活用することを目標としたものである。事前学習した内容はあくまでも対面授業における発展的な課題を解くための基礎知識であり，重要なのは対面授業におけるグループ内での相互作用である。このように考えると，探究型におい

表2-4　授業タイプごとのカテゴリー（度数，%）

	主体性の向上	予習の効果	グループワーク	自分のペース	楽しさ	気楽さ	その他	合計
習得型	27　(20%)	35　(26%)	28　(21%)	22　(16%)	4　(3%)	5　(4%)	13　(10%)	134
探究型	7　(10%)	16　(24%)	23　(34%)	13　(19%)	3　(4%)	0　(0%)	5　(7%)	67
合計	34　(17%)	51　(25%)	51　(25%)	35　(17%)	7　(3%)	5　(2%)	18　(9%)	201

※括弧内の%は授業タイプの合計からの割合を示す。

表 2-5　授業 F, K のカテゴリーごとの度数

	主体性の向上	予習の効果	グループワーク	自分のペース	楽しさ	気楽さ	その他
授業 K (史学系, 探究型)	4	3	10	0	2	0	2
授業 F (言語系, 習得型)	1	2	0	1	0	0	1
習得型	27	35	28	22	4	5	13
探究型	7	16	23	13	3	0	5

て「グループワーク」に関する記述が多いことは妥当であるといえよう。「気楽さ」が探究型においてみられなかった点も，反転授業のタイプを考えると納得できる。「気楽さ」として記述されたものは，事前に知識を身につけることによる，授業参加への心理的な負担の軽減と活動量が少なくてすむという物理的な負担の軽減を表しているものであった。しかし，探究型において展開される対面授業では，事前に身につけた知識を基礎にした，より発展的な課題に取り組むことが求められている。そのため，負担の軽減を感じることは少ないものと考えられる。

　次に，個別の授業においてどのようなカテゴリーに分類されているのかをみていくことにしたい。ここでは上記で抽出した授業K（史学系，探究型），授業F（言語系，習得型）について着目する（表2-5）。

（1）授業 K の事例　　授業 K では，「グループワーク」に関する記述が多く，次に，「主体性の向上」に関する記述が多かった。探究型では，「グループワーク」が最も多くあげられており，授業 K もその特徴が反映されているものと考えられる。ただ，探究型において次に多くあげられていた「予習の効果」ではなく，あまりあげられていない「主体性の向上」に関する記述（「授業に参加しているということが実感でき，やる気も上がった」「ただ先生の話を聞くだけでは，眠くなったりして，集中しにくいので，反転授業の方が集中しやすい」「受け身ではなく，主体的にしっかり参加できる」「自分が主体的に学んでいるという意識を持つことができ，そのため集中するのに困らなかった」）が多かったことが，授業 K の大きな特徴といえる。授業 K においては，反転授業を行うことで，学生が自ら知識を構築していく態度を身につけさせることができていると考えられる。

（2）授業 F の事例　　授業 F は，そもそも自由記述への記入自体が少なかった

ため，結果に関しては慎重にみていく必要があるが，「予習の効果」に関する記述が2件みられたほか，「主体性の向上」「自分のペース」に関する記述が1件ずつみられた。習得型では，「予習の効果」が最も多くあげられており，授業Fもその特徴が反映されているものと考えられる。ただ，習得型において次に多くあげられていた「グループワーク」に関する記述がみられなかったことが，授業Fの特徴といえる。授業Fにおいては，反転授業の中で，グループワークに重きが置かれておらず，個人ベースでの知識定着に重点が置かれた授業が実践されていた可能性がある。

3 考　察

3-1 量的データに基づいた反転授業の効果

　本章では反転授業内でのアクティブラーニングを通じた効果について，学習アプローチ，学習動機，そして，反転授業に対する意見に焦点を当てた効果検証を行った。反転授業のタイプ別にみていくと，習得型の反転授業では，全体的な傾向として「浅い学習アプローチ」の得点が上昇し，「深い学習アプローチ」の得点が低下する傾向にあった。そして学習動機については，授業を通した得点の変化がみられなかった。また，反転授業に対する意見においては，「予習の効果」に関する記述が多くみられた。習得型の反転授業は，教育内容のレベルを受講者全員が達成することを目標に掲げ，事前学習の内容を対面授業のアクティブラーニングで定着・発展させる方法である。つまり，事前学習においても，対面授業においても，知識を定着させるために繰り返し，さまざまな活動を受講生に求めることとなる。事前学習も含め繰り返し学習を行わせることは，彼らが「予習の効果」において記述していたように理解を深め，対面授業時における安心感を提供するという視点からすれば重要なことである。そして，これまでの先行研究からも実証されているように，成績の向上といった結果をもたらす可能性も高いため，一見問題はないようにみえる。しかしアクティブラーニングという観点からすると，本報告において得られた結果は決して望ましいものとはいえない。習得型の反転授業では，プレ時点においては探究型と「深い学習アプローチ」の得点にほとんど違いがみられなかったにも関わらず，ポスト時点では有意に得点が下がってしまった。そして，「浅い学習アプローチ」の得点が有意に上昇していた。知識定着は，単純に棒暗記で頭の中に入れればよいわけではなく，あくまでもアクティブラーニングを通して，他者との相互作用の中で，身につけていくことが求められる。習得型の反転授業においても「浅い

学習アプローチ」の得点が下がり，「深い学習アプローチ」の得点が上がることが大切であろう。そのため，今回の結果から読み取れることとしては，授業デザインが学習アプローチに影響を与えるほどの設計になっていなかった可能性がある。事実，授業Fの事例の自由記述では，「グループワーク」に関する記述は見られなかった。そして，学習動機である「積極的関与」がポスト時点で得点が下がっていたこと，また，一般授業との比較において，3項目とも全体平均より低かったことを考えると，学生にとって反転授業が効果的に機能していなかったのかもしれない。

　探究型の反転授業では習得型の反転授業と異なり，全体的な傾向として「深い学習アプローチ」が上昇し，「浅い学習アプローチ」が低下していた。また，学習に対する動機づけに対してもポジティブな方向へ寄与する可能性があること，そして，反転授業に対して「グループワーク」に関する言及が多くなされることが示された。すべてにおいて統計的に意味のある結果が出ているわけではないが，反転授業内でのアクティブラーニングの効果として望ましい結果が得られているものと考えることができる。探究型の反転授業では，事前学習で身に付けた知識は，対面授業時におけるアクティブラーニングで展開される議論において必要最低限となる知識である。事前に身につけてきた知識を他者との活動の中で別の課題に応用し，理解を深化させていくという活動が繰り広げられるところが，習得型の反転授業との大きな違いであり，学習アプローチや自由記述での内容の違いに反映されているのであろう。大学における授業では，演習や卒業研究，最近のプロジェクト学習までを含めて力を入れて取り組んできた歴史的経緯があり，今回の結果は，これらの取り組みが学生にとってよい成果をもたらしていることを示しているといえる。さらに，「グループワーク」に関する記述に加え，探究型においてはあまりみられなかった「主体性の向上」に関する記述が多かった授業Kにおいて「深い学習アプローチ」が最も高く，「浅い学習アプローチ」が最も低いこと，一般的授業との比較において3項目とも非常に高い得点であったことを考えると，効果的な反転授業には，「グループワーク」だけでは不十分で，そこに「主体性の向上」が組み合わさることが大切なのではないだろうか。加えて，授業Kでは，学習動機である「積極的関与」「継続意志」の得点が，いずれもプレ時点において全体平均よりも高かった。つまり，もともと授業に対してやる気の高い学生たちが受けていたこととなる。やる気が高い学生に向けて主体性が高まるようなグループワークを組み込んだ授業を実践したことにより，ポスト時点で「深い学習アプローチ」が唯一4.00を超えるという結果が得られたのであろう。しかし授業Nのようにプレ時点での学習動機が低くとも，

ポスト時点で「深い学習アプローチ」が全体平均よりも高くなることは可能であり，安易にグループワークを導入するだけでなく，学生にいかに主体的に関わらせるかということを考慮に入れた授業デザインを教員がしっかりと作り上げていくことが重要であろう。

● 3-2 まとめに代えて

本章における結果は，反転授業内でのアクティブラーニングを通じた効果の多様性を踏まえたうえで，どのような授業デザインを組み込むことが適切であるのかを考える際の重要な手掛かりになるものといえる。少なくとも，本章の知見から，反転授業による教育効果を高めるためには，予習を踏まえたうえでの，対面のグループワークによって学生を主体的に関わらせることが大切であることが明らかとなった。大学での授業を創り上げるのは教員側と学生側の相互作用によるものであるが，授業デザインをしっかりと作りこむことによって，学生の学びはどんどん深まっていく。さまざまな授業において反転授業を用いることは一定の有用性があるのではないだろうか。

【引用・参考文献】
浅野志津子（2002）．「学習動機が生涯学習参加に及ぼす影響とその過程―放送大学学生と一般大学学生を対象とした調査から」『教育心理学研究』50, 141–151.
河井　亨・溝上慎一（2012）．「学習を架橋するラーニング・ブリッジングについての分析―学習アプローチ，将来と日常の接続との関連に着目して」『日本教育工学会論文誌』36(3), 217–226.
川島啓二（2010）．「初年次教育から見た「学びの転換」」東北大学高等教育開発推進センター［編］『大学における「学びの転換」と学士課程教育の将来』東北大学出版会，pp.16–27.
絹川正吉（2010）．「学士課程教育と「学びの転換」」東北大学高等教育開発推進センター［編］『大学における「学びの転換」と学士課程教育の将来』東北大学出版会，pp.63–75.
塙　雅典・森澤正之・日永龍彦・田丸恵理子（2014）．「反転授業における対面授業の設計と運営の重要性」『日本教育工学会第30回全国大会講演論文集』, 753–754.
溝上慎一（2014）．『アクティブラーニングと教授学習パラダイムの転換』東信堂
溝上慎一（2016a）．「大学教育におけるアクティブラーニングとは」溝上慎一［編］『高等学校におけるアクティブラーニング―理論編』東信堂，pp.28–41.
溝上慎一（2016b）．「アクティブラーニングの効果検証―課題研究の企画と現在進めてい

る作業」『大学教育学会誌』**38**(1), 75–77.

森　朋子 (2015).「反転授業—知識理解と連動したアクティブラーニングのための授業枠組み」松下佳代・京都大学高等教育研究開発推進センター［編著］『ディープ・アクティブラーニング—大学授業を深化させるために』勁草書房, pp.52–57.

森　朋子 (2016).「アクティブラーニングを深める反転授業」安永　悟・関田一彦・水野正朗［編］『アクティブラーニングの技法・授業デザイン』東信堂, pp.88–109.

森　朋子・本田周二・溝上慎一・山内祐平 (2014).「アクティブラーニングとしての大学における反転授業—「わかった」を引きだす授業を創るには」『日本教育工学会第30回全国大会講演論文集』, 749–750.

森　朋子・矢野浩二郎・本田周二・溝上慎一・山内祐平 (2015).「反転授業の学びの構造を考える—アクティブラーニングの観点から」『日本教育工学会第31回全国大会講演論文集』, 327–328.

03 アクティブラーニングとしての反転授業における教育効果（2）

三保紀裕・本田周二

1 はじめに

　本章では前章に引き続き，反転授業でのアクティブラーニングによる効果について検討を行うこととする。前章で検討したことは，反転授業内のアクティブラーニングを通じて起きていることは何かという点について，さまざまな授業実践の事例から実態を明らかにすることであった。このことについて，これまであまり取り上げられてこなかった学習意欲と学習アプローチに着目し，これらの指標からみることができる特徴について明らかにしたわけである。結果として，知識の定着に焦点を当てた習得型の反転授業では，1）表面的な内容理解を行う「浅い学習アプローチ」の得点が上昇する傾向にあること，2）よかった点としては「予習の効果（例：予習をしているため，授業の理解がしやすかった）」に関する記述が多くみられること，が示された。そして，事前学習で得た知識の応用に焦点を当てた探究型の反転授業では，3）学習内容をさまざまな事柄と結び付けて考えることによって意味あるものとする「深い学習アプローチ」の得点が上昇する傾向にあること，4）よかった点として「グループワーク（例：グループワークや演習が多かったので，自分の意見や考えがより活かせることができた）」に関する記述が多くみられること，が明らかになった。反転授業のタイプにより，異なる傾向がみられたのが特徴的であった。
　このような傾向については問題点も残される。例えば，1）の結果はアクティブラーニングとしての成果という点から考えれば，本来ならば「深い学習アプローチ」の得点上昇が生じて然るべきである。「定着」は頭に棒暗記で入れればいいことを意味するものではないだろう。各授業の結果を鑑みるに，授業内での学習アプローチが「浅い学習」を減らす，「深い学習」を増やす，というように十分にデザインさ

れていない，あるいは実施方法が不十分であったと考えられる。反転授業をただ導入すれば，アクティブラーニングとしての効果が上がるというものではないことを示唆する結果でもあるといえよう。また，3) で示したように，探究型ではアクティブラーニングとしての成果が示されていた。しかし，全ての授業において「深い学習アプローチ」の得点上昇がみられたわけではなく，ポスト時点で最も「深い学習アプローチ」の得点が高かった授業であっても，項目単位の分析からみると，授業デザインや実施方法に少なからず課題が残されていることが考えられる結果であった。これらの点から，反転授業における効果の成否を握るのは総じて授業デザインや実施方法であることが示唆された。このことは，反転授業における授業デザインの重要性を示した塙ら（2014）などの指摘とも合致する結果であった。

しかし，前章で検討したことは複数の授業実践を通じて起きている実態を明らかにしただけにすぎない。そのため，「深い学習アプローチ」の上昇などといった，反転授業におけるアクティブラーニングの効果として考えられる事柄を引き出すものは何か，という点についてまでは十分に検討できていない。本章では，この点について検討を行うものである。

2 反転授業で起きている学びのプロセスを捉える

本章における問いを明らかにする上で必要なのは，反転授業で起きている学びのプロセスを捉えることである。そのためには，反転授業のデザインおよび構造に目を向けなくてはならない。この点については，森（2016）において詳細な説明がなされている。そこでは「内化」「外化」という点から反転授業のもつ特徴を説明しており，「内化」は知識を理解・獲得すること，「外化」は知識を活用するプロセスで行うパフォーマンス，と操作的に定義した上で論を進めている。そして，実践における課題が残されている授業に共通する特徴として，事前学習における内化の質が不十分であるために，対面授業でのアクティブラーニングが活性化しない傾向にあること，また，外化を活動の中心に据えるアクティブラーニングを促進し，より深い学びを引き出すには，内化とその質が重要であることを指摘している。反転授業の場合，内化の役割はデジタル教材を活用した事前学習がこれを担っている。そのため，どのような予習の仕方をしているのかについて確認することが必要であろう。予習時間については，個人の動画視聴記録（ログ）によって確認することが可能であるが，e-learningによる予習の仕方については，教材へログインした状態を

保ち，学習時間だけを伸ばして学習したように見せかける学生の存在も報告されている（例えば，奥田他（2015）など）。そのため，内容理解が促進されるような予習の仕方をどの程度行ったかについて問わねばならない。このような予習を積極的にするか否かという点については，日々の学習習慣も影響してくる。よって，予習の質や日々の学習習慣などを捉えることがまず求められる。

　このような予習の質に加えて確認しなければならないことは，外化の場面，つまり対面授業におけるアクティブラーニングの場において，どの程度学習内容の理解につながるような経験をすることができたか，ということである。効果的な反転授業では，授業を通じて行われている内化と外化の往還が重要な意味をもつようである（森, 2016）。そのため，予習の質のみならず，外化を通じた理解の深まりや気づきがどの程度得られているのかを問う必要がある。そこには授業内における他者との関係性も少なからず影響するだろう。外化を行う上で，他者の存在は必要不可欠である。しかし一方で，グループ内での成果を一方的に享受することによって，自身の理解を促進させる者（フリーライダー）が出てくることが問題視されている（例えば，竹内（2016）など）。授業時における他者との関係には，「共に学び，理解を深めていくもの」と「理解を深めるために利用できるもの」といった特徴があるのかもしれない。これら一連の経験が学習意欲や深い学習アプローチにどう関係しているのかを示すことによって，本章における問いをより明確なものとすることができよう。

　現時点での問題は，これらの問いに答えるに足る指標が十分に得られていないことにある。ここでは前章同様，量的なデータに基づく検討を行うこととし，予習の質や外化を通じた理解の深まりや気づきについては新たな指標開発を行うことにする。そして，新たに開発した指標に基づく調査を複数の授業実践を対象に実施することによって，反転授業におけるアクティブラーニングの効果として考えられる事柄を引き出すものは何かについて明らかにしたい。

● 2-1　プレ・ポストによる調査の実施
1）調査対象

　前章で使用したデータのうち，2014年度後期に「反転授業の効果検証調査（代表：森朋子先生）」に参加した7授業では，本章の問いに関連する変数を組み込んだ調査を実施している。なお，このうちプレ・ポスト双方の調査に協力頂いている授業は4授業であった。そこで，この4授業を主たる分析対象とした。回答者は63名（男性37名，女性26名；1年生17名，2年生26名，3年生16名，4年生4名）であった。

2) 測定変数

(1) 予習の程度・質　予習時点における学習の程度を測定するための項目である。項目内容として「内容を理解するために繰り返し考える」「内容を理解するために深く調べる」「内容を理解するために突き詰めて考える」「内容を理解するために必要なことを調べる」の4項目を置き，内容理解を深めるための予習の仕方について回答を求めている。「あなたは，これまでの授業においてどのような形で予習していましたか」という教示のもと，それぞれ4件法（「1. 当てはまらない」から「4. 当てはまる」）での回答を求めた。なお，ポスト調査においては，「あなたは，この授業においてどのような形で予習をしていましたか」という教示を行った。

(2) 学習習慣　ふだんの大学での授業に対する取り組み態度，姿勢といった，学習習慣について測定するための項目である。「自分から進んで課題に取り組む」「進んで授業内容の予習・復習をする」「授業内容について自発的に勉強する」「自分から授業内容・課題について調べる」といった，学生自身の主体的な学習習慣について問う項目を4項目用意した。これについて，「あなたは普段，大学での授業に対してどのような姿勢・態度で取り組んでいますか」という教示のもと，それぞれ4件法（「1. 当てはまらない」から「4. 当てはまる」）での回答を求めた。なお，ポスト調査では，「あなたは，この授業に対してどのような姿勢・態度で取り組みましたか」という教示を行った。

(3) 外化を通じた理解の深まりや気づき（知識の再構築）　外化を通じた理解の深まりや気づきがどの程度得られているのかを問う項目である。ここでは「知識の再構築」と呼ぶことにする。対面授業でのやりとりに着目した内容であり，予習の段階で形成された自分のもっている考えが大きく揺らいだり，他者との議論の中で理解が深まるといった事柄を項目化したものである。具体的には「自分の考えをはっきりさせることが重要である」「授業の中で，自分の考えを改める必要があると感じることがあった」「他者との議論を通じて，授業内容に関する正確な理解が促進された」といった16の質問項目を用意した。これらについて，「あなたがこれまで受けてきた授業を通じて感じたこと・経験したことにどの程度当てはまりますか」という教示のもと，それぞれ4件法（「1. 当てはまらない」から「4. 当てはまる」）での回答を求めた。また，ポスト調査では「あなたがこの授業を通じて感じたこと・経験したことにどの程度当てはまりますか」という教示を行った。

(4) **授業における他者観**　対面授業における他者，つまり一緒に授業を受けている人達との関係性に目を向けた項目である。「共に学ぶ仲間である」「理解を深めるために利用できるものである」といった内容の項目を8項目用意した。そして，これらについて「一緒に授業を受けている人達との関係はどのようなものですか」という教示のもと，それぞれ4件法（「1. 当てはまらない」から「4. 当てはまる」）での回答を求めた。ポスト調査においては，「一緒にこの授業を受けている人達との関係はどのようなものでしたか」という教示を行った。

(5) **学習アプローチ**　前章で使用したものと同様の内容である（16項目，5件法）。河井と溝上（2012）によって作成された尺度を使用した。

(6) **学習動機**　前章で使用した，学習に対する意欲・姿勢を測定するものである。浅野（2002）によって作成された尺度のうち，「積極的関与」「継続意志」に該当する5項目を使用した（4件法）。

(7) **一般的授業と比較しての評価**　前章で使用したものと同様，反転授業を経験したことに対する意見についてたずねるものである（3項目，5件法）。ポスト調査においてのみ回答を求めた。

● **2-2　分析結果①：探索的因子分析**
　新たに使用した変数のうち，「知識の再構築」「授業における他者観」については多次元性が想定されるものであった。そこで，「知識の再構築」を測定する16項目，「授業における他者観」を測定する8項目を対象に，それぞれ探索的因子分析を適用することにした（主因子法で共通性を推定）。分析にはプレ調査時点でのデータを使用した。なお，プレ・ポスト調査の両方に協力いただいている授業は4科目であるが，分析可能なデータが少なくなってしまうため，プレ時点における7科目全てのデータ（155名）を分析の対象とした。
　「知識の再構築」についてみると，初期の固有値における減衰状況は，第1因子から第5因子にかけて6.38, 1.66, 1.50, 1.18, 0.82となった。因子の解釈可能性なども含めて総合的に判断した結果，3因子が適切であると判断した。因子寄与率は59.63%であった。因子軸の回転にはPromax法を適用し，16項目全てを3因子の解釈の対象項目とした。第1因子は「授業の中で，自分の考えを改める必要があると感じ

ることがあった」「授業の中で，自分では思いつかない新しい発見に気づくことがあった」などの6項目の値が高かった。これらの項目はいずれも，自分の考えの揺らぎや気づきを示すものと捉えることができる。そこで，第1因子を「考えの揺らぎ・気づき」とした。第2因子は「他者との議論を通じて，授業内容の理解が深まった」「他者との議論を通じて，授業内容が良く分かるようになった」などの6項目の値が高かった。これらの項目は，いずれも議論を通じた理解の深まりを示すものであった。そこで，第2因子を「議論を通じた理解の深まり」と命名した。第3因子は「自分の考えをはっきりさせることが重要である」「自分自身の考えを持つことが大事である」など4項目の値が高かった。これらの項目は全て，自分の考えを持つことの重要性を示した項目であった。そこで，「自分の考えを持つ」とした（表3-1）。各因子についてそれぞれの因子の尺度を構成し，信頼性係数（α係数）を求めたところ，第1因子から順に0.80, 0.89, 0.77となった。構成した尺度間の相互の相

表3-1 「知識の再構築」の探索的因子分析結果

項　目	第1因子	第2因子	第3因子	共通性
授業の中で，自分の考えを改める必要があると感じることがあった	0.96	-0.23	-0.03	0.71
授業の中で，自分の考え方に間違いがあると思うことがあった	0.68	0.01	0.11	0.53
授業の中で，自分では思いつかない新しい発見に気づくことがあった	0.62	0.17	-0.02	0.52
授業の中で，自分には無い考え方に気づくことがあった	0.49	0.10	0.12	0.37
授業の中で，自分の考え方に偏りがあると思うことがあった	0.46	0.09	0.06	0.29
授業の中で，自分の考え方が他者とズレていると感じることがあった	0.39	0.06	0.05	0.20
他者との議論を通じて，授業内容の理解が深まった	-0.26	0.94	0.03	0.69
他者との議論を通じて，授業内容が良く分かるようになった	-0.01	0.79	-0.01	0.60
他者との議論を通じて，授業内容に関する正確な理解が促進された	0.28	0.65	-0.08	0.64
授業の中で，クラスメイトの多くの異なる意見を知ることによって刺激を受けることがあった	0.26	0.64	-0.01	0.67
授業の中で，クラスメイトの異なる考え方に気づくことがあった	0.24	0.51	-0.01	0.46
他者との議論を通じて，授業内容に関する知識が増えた	0.36	0.50	-0.08	0.54
自分の考えをはっきりさせることが重要である	0.03	-0.09	0.90	0.77
自分自身の考えを持つことが大事である	0.09	0.03	0.57	0.39
自分の考えを整理することが大切である	-0.17	0.38	0.56	0.53
自分の考えを理解することが大切である	0.18	-0.11	0.54	0.33
因　子	第1因子	第2因子	第3因子	α係数
考えの揺らぎ・気づき（第1因子）	—	0.61**	0.42**	0.80
議論を通じた理解の深まり（第2因子）	0.58	—	0.46**	0.89
自分の考えを持つ（第3因子）	0.38	0.45	—	0.77

注1：主因子法の繰り返しで共通性を推定。Promax法で因子軸を回転した。
注2：相関行列の下三角は因子間相関，上三角は尺度間相関である。（**: $p<.01$）
注3：尺度得点は総点を項目数で割っている。

関関係は，因子間の相関に近似した値である。これらの尺度間相関は「考えの揺らぎ・気づき」「議論を通じた理解の深まり」間の相関が 0.61 と最も高く，「自分の考えを持つ」「考えの揺らぎ・気づき」間の相関が最も低く，0.42 であった。

次に，「授業における他者観」についてみると，初期の固有値における減衰状況は第 1 因子から第 3 因子にかけて 4.63, 0.78, 0.71 となり，1 因子が適切であると判断された。そこで，「授業における他者観」については，以後の分析では 1 次元として取り扱うこととした。なお，構成した尺度の信頼性係数（α係数）は 0.89 であった。

また，「予習の程度・質」「学習習慣」の信頼性係数（α係数）についても合わせてみてみると，それぞれ 0.82, 0.86 という値が示された。

● 2-3　分析結果②：個別の授業における傾向

本章では分析の対象としている科目が 4 科目であるため，それぞれの授業における傾向について，授業の具体的内容をふまえながらみてみることにしたい。

1）各授業の具体的内容

対象となる授業は，前章の分析にも含まれている授業 H，授業 I，授業 M，授業 N である。以下にそれぞれの科目の詳細を示す。

（1）授業 H　　1 年生を対象とした必修科目である。外国語の基本語彙，基本文法を習得し，辞書を用いながら簡単な文章の意味が理解できるようになること，外国語の基礎的理解力を高めることを目的としている。本科目では第 9 回および第 10 回の連続する 2 回において反転授業が導入されている。受講者には事前に基礎的な知識について動画で学習することが求められる。そして，対面授業では事前に学習した動画の内容に沿った練習課題をグループで取り組み，その後，教員による解説が入ることによって知識の定着を図るという構成になっている。個人作業，グループでの作業，講義を組み合わせながら基礎的な知識についての理解を深めさせるという点において，《習得型》に分類される授業であるといえる。

（2）授業 I　　学部の専門科目であり，2-4 年生を対象とした科目である。授業の目的として，研究に必須となる統計学と分散分析の知識および実務能力に関する基礎的な事柄について学び，統計的検定ができるようになることを掲げている。事前学習として，受講生には予習教材を参考に統計解析の手法を学び，予習問題を解く

ことが求められる。対面授業では最初に予習問題の答え合わせを行い、その後、さまざまな演習課題を解いていく中で、知識の定着を図るという構成になっている。対面場面では多少応用力の求められる課題にも取り組むが、基本的にはそれらの課題を通して、統計検定に必要な知識を身につけることに主眼が置かれている。よって、本科目も《習得型》に分類されるものである。

(3) 授業M　学部の専門科目であり、3、4年生を対象とした科目である。授業の目的として工学の基礎的な考え方を理解し、習得すること、そして、基礎的な考え方をもとに応用に展開できることを掲げている。受講生には基礎的な知識について事前に動画で学び、それを参考にノートを作成することが求められる。そして対面授業では事前に作成したノートをもとに、計算機を使いながら演習問題に取り組むことで、理解の深化を図るという構成になっている。対面授業ではより高次な課題に取り組むという点において、《探究型》に分類されるものである。

(4) 授業N　学部の専門科目であり、2-4年生を対象とした科目である。授業の目的として、使いやすいコンピュータシステムを構築する上で必要となる基本事項について、理論的事項からシステム実現まで幅広く学ぶことを掲げている。事前学習の内容は、オンライン上に提供される資料をもとに、その内容についてまとめてくることとされている。そして対面授業では、関連する話題についてグループで議論していくことで、理解の深化を図るという構成になっている。対面授業を通してグループでより高次な課題について取り組むという点において、《探究型》に分類されるものであるといえる。

2) 各授業における得点変化と評価

プレ・ポストを通じた得点変化などからみることができる傾向について、授業ごとにみていくことにする。まず初めに、授業におけるアクティブラーニングを通じて、どの程度学習内容の理解につながる経験ができているかという点から、各授業について評価してみることにする。評価の指標として、ここではポスト時点での「議論を通じた理解の深まり」の得点に着目する。尺度の項目内容からみても、アクティブラーニングの定義（溝上, 2014）にある「認知プロセスの外化」を通じた理解の深まりを、一定の形で捉えている変数であると考えることができる。そのため、ポスト時点における「議論を通じた理解の深まり」の得点が高い場合は、授業内で

のアクティブラーニングが効果的になされていると判断することができよう。そこで，ここでは「議論を通じた理解の深まり」における尺度得点の得点分布が上位（24-19）に位置する者の割合から評価してみることにする。得点分布率と各変数の平均値を整理したものを表3-2, 3-3に示す。表3-3に「評価」として示しているのは，「議論を通じた理解の深まり」の得点（ポスト時点）からみた各授業の評価であ

表3-2 プレ・ポスト時点における各変数の平均値
（学習アプローチ，学習動機，一般的授業と比較しての評価）

	学問領域	授業タイプ	人数	深い学習アプローチ			浅い学習アプローチ			積極的関与			継続意志			一般的授業と比較しての評価
				プレ	ポスト	差得点	プレ	ポスト	差得点	プレ	ポスト	差得点	プレ	ポスト	差得点	ポスト
授業H	言語学	習得型	17	3.40	3.46	0.07	3.12	3.21	0.09	2.31	2.32	0.00	2.24	2.38	0.15	3.73
授業I	統計科学	習得型	9	3.49	3.68	0.19	3.32	2.97	-0.35	2.24	2.41	0.17	2.41	2.72	0.31	4.30
授業M	工学	探究型	8	3.38	3.28	-0.10	3.61	3.34	-0.27	2.42	2.67	0.25	2.75	2.81	0.06	3.71
授業N	情報学	探究型	29	3.16	3.41	0.25	3.47	3.39	-0.08	2.00	2.30	0.30	2.29	2.55	0.26	3.59
全体平均			385	3.41	3.34	-0.08	3.11	3.18	0.07	2.54	2.48	-0.06	2.58	2.62	0.04	3.24

注：全体の人数と数値は前章で対象とした14科目の数値を使用している。

表3-3 プレ・ポスト時点における各変数の平均値

	学問領域	授業タイプ	人数	予習の程度・質			学習習慣			考えの揺らぎ・気づき		
				プレ	ポスト	差得点	プレ	ポスト	差得点	プレ	ポスト	差得点
授業H	言語学	習得型	17	2.65	2.63	-0.01	2.13	2.46	0.32	2.81	2.62	-0.20
授業I	統計科学	習得型	9	2.59	2.64	0.05	2.03	2.44	0.42	3.11	3.00	-0.11
授業M	工学	探究型	8	2.69	2.41	-0.28	2.41	2.69	0.28	3.19	2.88	-0.31
授業N	情報学	探究型	29	2.61	2.71	0.09	2.18	2.54	0.36	2.89	2.99	0.11
全体平均			63	2.63	2.64	0.01	2.17	2.52	0.35	2.94	2.88	-0.06

	学問領域	授業タイプ	評価	議論を通じた理解の深まり				自分の考えを持つ			授業における他者観		
				上位得点分布率	プレ	ポスト	差得点	プレ	ポスト	差得点	プレ	ポスト	差得点
授業H	言語学	習得型		41.2	2.76	3.01	0.25	3.16	3.09	-0.07	2.94	3.43	0.49
授業I	統計科学	習得型	○	44.4	3.06	3.15	0.09	3.25	3.39	0.14	3.24	3.07	-0.17
授業M	工学	探究型		25.0	2.92	2.50	-0.42	3.41	3.09	-0.31	3.09	2.59	-0.50
授業N	情報学	探究型	○	37.8	2.86	3.13	0.26	3.35	3.28	-0.07	3.18	3.05	-0.13
全体平均					2.87	3.02	0.15	3.29	3.22	-0.07	3.11	3.10	-0.01

注：下線は統計的に有意だったものを示している。

る。○がついているのは全体平均と比べて得点が高い授業である。なお，表3-3での全体平均とは，本章で分析の対象としている4授業の平均である（表3-2で示している変数の全体平均は前章と共通のものであるため，前章で対象とした14授業の平均である点に注意されたい）。みると，○以上の評価を得ていた授業は2科目（習得型1科目，探究型1科目）であった。

(1) **全体での傾向**　　有意な得点変化が起きていたのは「学習習慣」のみであった。2.17から2.52へと得点が上昇しており，得点自体は必ずしも高くないが，自発的に予習を行うという習慣が増えている点が特徴的であった。さらに，ポスト時点における変数間の関連についてもみてみることにする。ここでみるべき点は，対面授業でのアクティブラーニングに関わる「知識の再構築」の3尺度，そして反転授業において重要な意味をもつであろう「予習の程度・質」とその他の変数との関連である。全体での傾向も含めて授業ごとに整理したものを表3-4に示す。結果をみると，「知識の再構築」の3尺度，「予習の程度・質」「学習習慣」と「深い学習アプローチ」間で正の相関がみられた。「予習の程度・質」は「深い学習アプローチ」のほか，「学習習慣」「議論を通じた理解の深まり」「考えの揺らぎ・気づき」「積極的関与」「継続意志」，そして「一般的授業と比較しての評価」とも正の相関がみられた。また，各授業を評価する指標として使用した「議論を通じた理解の深まり」では「予習の程度・質」「深い学習アプローチ」のほか，「学習習慣」「授業における他者観」「一般的授業と比較しての評価」との正の相関がみられた。

(2) **授業H**　　「議論を通じた理解の深まり」における上位得点分布率は41.2%であり，4科目中2番目に高い割合であった。これだけをみると，授業内でのアクティブラーニングは効果的に行われていたようにもみえる。しかし，ポスト時点における値を全体平均の値と比較してみると，「議論を通じた理解の深まり」の得点は全体平均の値とさほど変わらず，突出して高い値というわけではなかった。その他の変数（ポスト時点）についてみると，全体平均の値を越えていたものは「深い学習アプローチ」「浅い学習アプローチ」「一般的授業と比較しての評価」「授業における他者観」のみであり，その他の変数は全体平均よりも低い値であった。また，有意な得点の上昇がみられたのは「授業における他者観」のみであった。

この授業では議論を通じた理解の深まりは起きているようであり，深い学習アプローチの得点も全体平均よりは高いものであった。しかし，「議論を通じた理解の

03 アクティブラーニングとしての反転授業における教育効果（2）

表 3-4 変数間の相関（全体と授業別）

		予習の程度・質	学習習慣	深い学習アプローチ	浅い学習アプローチ	積極的関与	継続意志	授業における他者観	一般的授業と比較しての評価
全体	予習の程度・質	—	0.66**	0.51**	-0.27*	0.52**	0.34**	0.08	0.26*
	学習習慣	0.66**	—	0.39**	-0.17	0.65**	0.43**	-0.02	0.09
	考えの揺らぎ・気づき	0.34**	0.52**	0.38**	0.00	0.37**	0.27*	0.06	0.08
	議論を通じた理解の深まり	0.39**	0.38**	0.37**	-0.12	0.24	0.19	0.44**	0.29*
	自分の考えを持つ	0.20	0.26*	0.37**	-0.19	0.21	0.23	0.42**	0.21
授業H	予習の程度・質	—	0.69**	0.40	-0.53*	0.72**	0.54**	-0.10	-0.21
	学習習慣	0.69**	—	0.19	-0.20	0.71**	0.62**	-0.03	-0.40
	考えの揺らぎ・気づき	0.22	0.54*	0.34	-0.02	0.33	0.34	0.22	-0.03
	議論を通じた理解の深まり	0.15	0.19	0.37	-0.23	0.23	0.24	0.52*	0.33
	自分の考えを持つ	0.06	0.29	0.47	-0.29	0.31	0.16	0.48	0.13
授業I	予習の程度・質	—	0.27	-0.26	-0.30	0.03	0.42	-0.03	0.76*
	学習習慣	0.27	—	-0.34	0.04	0.52	0.45	0.23	0.80**
	考えの揺らぎ・気づき	-0.39	0.00	0.49	0.10	0.41	-0.13	-0.33	-0.37
	議論を通じた理解の深まり	0.01	0.14	0.56	-0.46	0.28	0.47	0.65	0.02
	自分の考えを持つ	-0.44	0.01	0.50	-0.48	0.12	0.18	0.74*	-0.28
授業M	予習の程度・質	—	0.77*	0.89**	-0.75*	0.73*	0.29	0.35	-0.16
	学習習慣	0.77*	—	0.58	-0.36	0.75*	0.17	0.23	0.26
	考えの揺らぎ・気づき	0.48	0.61	0.60	-0.15	0.50	0.50	0.41	0.30
	議論を通じた理解の深まり	0.28	0.64	0.32	-0.04	0.64	0.36	0.58	0.53
	自分の考えを持つ	0.21	0.26	0.53	-0.25	0.67	0.75*	0.82*	0.53
授業N	予習の程度・質	—	0.73**	0.58**	-0.05	0.59**	0.29	0.08	0.59**
	学習習慣	0.73**	—	0.55**	-0.18	0.59**	0.41*	-0.04	0.29
	考えの揺らぎ・気づき	0.59**	0.62**	0.43*	0.02	0.34	0.19	0.23	0.26
	議論を通じた理解の深まり	0.70**	0.61**	0.39*	0.06	0.26	0.10	0.19	0.32
	自分の考えを持つ	0.41*	0.31	0.25	0.00	-0.04	0.10	0.40*	0.27

注：** $p<.01$，* $p<.05$

深まり」との相関がみられたのは「授業における他者観」のみであった。「深い学習アプローチ」とは有意な相関がみられなかった。また，「予習の程度・質」では「学習習慣」「積極的関与」「継続意志」とは正の相関がみられたが，「浅い学習アプローチ」とは負の相関がみられた。授業Hは授業内で反転授業を導入している回が2回のみであった。そのため，議論を通じた理解の深まりがみられても，それらが授業の設計上，深い学習アプローチとは関連しなかったものと思われる。「予習の程

度・質」についても同様であった。しかし，浅い学習アプローチとは負の関連にあることから，内容理解が深まるような予習の仕方ができている場合には，浅い学習アプローチを抑制する傾向があるとわかる。そのため，「予習の程度・質」の得点自体は高くなかったが，予習の仕方を内容理解が深まるようにしていくことによって，授業における浅い学習アプローチを減らすことができるかもしれない。

(3) 授業I 「議論を通じた理解の深まり」の上位得点分布率は，44.4%と最も高い割合であった。ポスト時点の値を全体平均の値と比較しても高い値を示していた。なお，有意な得点変化はどの変数においてもみられなかった。ポスト時点における各変数の値を全体平均と比較すると，全体平均の値よりも高い値であったのは「深い学習アプローチ」「継続意志」「一般的授業と比較しての評価」，そして「知識の再構築」の3下位尺度であった。このうち，「一般的授業と比較しての評価」は4を越える非常に高い値を示していた。一方，反転授業に大きく関わるであろう「予習の程度・質」や「学習習慣」については，全体平均と同様の値，あるいはそれ以下であった。このことから，授業内のアクティブラーニングを通じた理解の深まりは生じているようであったが，目立った得点変化はみられず，内容理解が深まるような予習の仕方については全体平均と同じ値であった。「深い学び」を促進させるような学習の仕方が，受講時点である程度できている学生たちが授業に臨んでいたとも考えることができるかもしれない。得点の低下がみられなかった点から，反転授業がこのような学習の仕方を維持することに寄与していたとも捉えることができよう。「一般的授業と比較しての評価」が非常に高かった点からも，反転授業が学生にもよく受け入れられていた様子がうかがえる。

一方で相関についてみると，「議論を通じた理解の深まり」「深い学習アプローチ」では他の変数との有意な相関がみられなかった。有意な相関がみられていたのは「自分の考えを持つ」「授業における他者観」間，そして「一般的授業と比較しての評価」と「予習の仕方・質」「学習習慣」間のみであった。「深い学び」を促進させるような学習の仕方が受講時点である程度できている学生たちが授業に臨んでいたためか，主体的な学習習慣ができており，内容理解が深まるような予習の仕方ができている場合には授業に対する評価も高くなっているようであった。しかし，「知識の再構築」の3尺度とはほとんど相関がみられなかったことから，授業設計上，何らかの課題が残されているのかもしれない。

(4) 授業M　「議論を通じた理解の深まり」における上位得点分布率は25.0%と最も低い値であった。ポスト時点における尺度得点の値は，全体平均の値と比較しても低い値であった。有意な得点変化がみられたのは「議論を通じた理解の深まり」「授業における他者観」であったが，いずれも得点が低下する形での変化を示していた。全体平均よりも高い値を示していたのは，「浅い学習アプローチ」「積極的関与」「継続意志」「一般的授業と比較しての評価」「学習習慣」であった。学習動機や学習習慣に関する値が高い点をみると，受講生自身の学びに対する姿勢はさほど悪いものではなかったと考えられる。しかし，「浅い学習アプローチ」の得点の高さ，「深い学習アプローチ」の得点の低さなどをみると，授業設計に課題が残されていると考えることができよう。「議論を通じた理解の深まり」の得点が低下していたことや，「知識の再構築」の3下位尺度の得点が全体平均と同程度かそれよりも低かった点からみても，授業内でのアクティブラーニングがあまり効果的になされていなかったものと思われる。

相関からもアクティブラーニングが活性化していなかった点を読み取ることができる。「議論を通じた理解の深まり」は，他のどの変数とも相関がみられなかった。その他にみられた相関は「自分の考えを持つ」と「継続意志」「授業における他者観」間における正の相関，「予習の程度・質」と「学習習慣」「深い学習アプローチ」「積極的関与」間における正の相関，そして「予習の程度・質」と「浅い学習アプローチ」間における負の相関であった。「予習の程度・質」と「学習アプローチ」間の相関が特徴的であり，授業Hにおける結果と類似するものであった。予習の仕方を内容理解が深まるようにしていくことによって，授業における浅い学習アプローチを抑制し，深い学習アプローチを促進していくことができるのではないだろうか。前述した授業Hにもいえることだが，「議論を通じた理解の深まり」との相関がみられていないということは，授業内でのアクティブラーニングが活性化していないだけでなく，予習の仕方と対面授業での経験に関連性がないことを意味する。そのため，ここでの結果は対面授業における課題が浮き彫りになったことを示すものであったともいえよう。

(5) 授業N　「議論を通じた理解の深まり」の上位得点分布率は37.8%であった。対象とした4科目の中では，2番目に低い値となる。しかし，ポスト時点の得点は全体平均の値と比べても高い値を示していた。有意な得点変化も「深い学習アプローチ」「積極的関与」「学習習慣」においてみられ，いずれもポスト時点で得点が上

昇する結果であった。ポスト時点における各変数の値を全体平均の値と比較すると，学習動機の2尺度と「授業における他者観」が全体平均よりも低い値であった。それ以外の変数は，いずれも全体平均よりも高い値を示していた。これらの点からみると，上位得点分布率は他の授業に比べて高いものではなかったが，「深い学習アプローチ」の得点上昇などに示されるように，授業内でのアクティブラーニングによる成果が得られていた。ポスト時点における「知識の再構築」の3尺度得点がいずれも全体平均より高い値であったことからも，授業内でのアクティブラーニングが一定の形で活性化していたのではないだろうか。

　変数間の関連について「議論を通じた理解の深まり」や「深い学習アプローチ」「予習の程度・質」を中心に結果をみてみると，3変数間ではいずれも正の相関がみられたほか，いずれの変数も「学習習慣」と正の相関関係にあった。これまでの授業と異なっていた点は，「議論を通じた理解の深まり」が「深い学習アプローチ」「予習の程度・質」と関連していた点である。議論による「認知プロセスの外化」を通じた理解の深まりを支えるものとして内容理解が深まるような予習の仕方があり，また，このような予習の仕方に加え，議論を通じた理解の深まりが「深い学び」に関わっていることを明らかにすることができた。これらの傾向はいずれも，授業内でのアクティブラーニングが活性化していた結果によるものと考えることができよう。

3　考　察

● 3-1　新たに導入した指標について

　本章では，前章では十分に検討することができなかった，反転授業を通じた学びのプロセスに焦点を当てた検討を行った。検討にあたり，学びのプロセスを捉える上で必要であった新たな指標の開発を行った。表3-1（☞ p.60）および表3-3（☞ p.63）で示した変数がこれに該当するが，得点変化や変数間における相関の傾向（表3-4 ☞ p.65）は授業によって大きく異なっていた。同じ反転授業という括りであっても，各授業のもつ特徴はそれぞれ異なっている。そのため，これらを弁別できているのは指標としての妥当性を示す結果でもあったといえよう。また，開発した指標はいずれも，アクティブラーニングとしての効果の一つとして考えられている「深い学習アプローチ」と正の相関関係にあった。効果的なアクティブラーニングに関係する変数であることを示す結果であり，この点からみても，本章における問いを明らかにする上での指標として妥当なものであると判断することができる。

新たに導入した指標のうち,「知識の再構築」は「考えの揺らぎ・気づき」「議論を通じた理解の深まり」「自分の考えを持つ」の3因子によって構成される変数であった。このうち,「議論を通じた理解の深まり」はアクティブラーニングの定義（溝上，2014）にある「認知プロセスの外化」を通じた理解の深まり，森（2016）が述べる「外化（知識を活用するプロセスで行うパフォーマンス）」に該当する変数であると考えられた。これに対し「考えの揺らぎ・気づき」「自分の考えを持つ」は,「議論を通じた理解の深まり」などを経て得られるであろう気づきや考え方の変化を捉えるものであった。得点の変化がみられたのは「議論を通じた理解の深まり」のみであったが，上述の通り，3因子ともに「深い学習アプローチ」とは正の相関関係にあった。これらはいずれも深い学びに関連する変数であるが，今回の分析で変化が生じていたのは「議論を通じた理解の深まり」のみであった。授業内でのファシリテートの仕方によるのかもしれないが,「考えの揺らぎ・気づき」「自分の考えを持つ」という点については，あまり変化が生じにくいのかもしれない。

● 3-2 反転授業の効果を引き出すものとは

本章では授業ごとの分析にあたり，ポスト時点における「議論を通じた理解の深まり」の得点から各授業を評価した。尺度得点の平均値と上位得点（24-19）分布率の2点を基準とした評価を行ったわけであるが，今回の分析では上位得点分布率よりも平均値に基づく評価の方が機能しているようであった。授業によっては受講生の数が1桁の科目もあるため，このことが分布率にも影響しているようであった。各授業の評価には，平均値と上位得点分布率の双方を勘案することが必要であるといえよう。この視点からみると，授業内でのアクティブラーニングが効果的になされていると考えられるのは授業Ⅰと授業Ｎであった。その中でも，授業Ｎでは授業内でのアクティブラーニングを通じた効果が顕著にみられていた。授業Ｎでの結果が他の授業と異なっていた点は得点の変化だけでなく,「深い学習アプローチ」と他の変数間との相関関係にあった。「深い学習アプローチ」と「議論を通じた理解の深まり」「考えの揺らぎ・気づき」「学習習慣」間の相関は授業Ｎにのみみられた相関であった。一方，「深い学習アプローチ」と「予習の程度・質」間の相関は授業Ｎのみならず，最も評価が低かった授業Ｍにおいてもみられた。内容理解が深まるような予習の仕方ができていれば，アクティブラーニングが活性化していない授業であっても，学習に対する深いアプローチを行うことができることの表れであろう。しかし，授業Ｎのようにアクティブラーニングが活性化していた授業では，

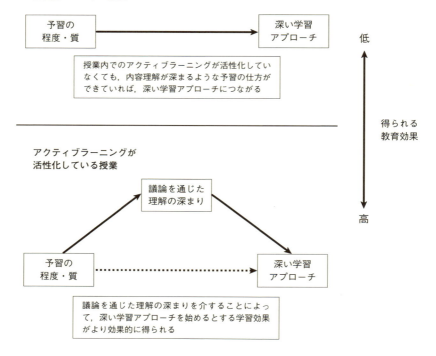

図 3-1 反転授業によってもたらされる教育効果の模式図

対面授業での活動が深い学習アプローチと関連しており，対面授業が深いアプローチに寄与している可能性がうかがえる。これらを図式化すると，図 3-1 のように説明することができるのではないだろうか。

　上段はアクティブラーニングが活性化していない授業，下段は活性化している授業である。「予習の程度・質」から「深い学習アプローチ」へのパスは上段下段ともにみられるが，下段では「議論を通じた理解の深まり」が媒介している点がポイントである。この「議論を通じた理解の深まり」が媒介することによって，「深い学習アプローチ」にもたらされる結果などに違いが生じることを示している。この図式からも分かるように，反転授業の効果を引き出すものとしては「予習の程度・質」と「議論を通じた理解の深まり」が鍵を握っていることが考えられよう。前者は森

(2016) が指摘する「内化」，すなわち知識理解・獲得することに該当するものであり，深い学びを引き出すには内化とその質が重要である。予習の重要性は対面授業を有効なものとする上でも重要であることが指摘されており（糸井, 2015），これら一連の指摘を支持する結果でもあった。これに対し，後者は授業設計に大きく関わるものであった。ここでは対面授業での議論をいかに活性化させるかという点が重要となるが，このことは塙ら（2014）や前章での指摘を補完するものであった。このように，本章では反転授業の効果を引き出すものについて明らかにすることができたと同時に，これまでの先行研究での指摘を補完する結果を実証データに基づいて示すことができた。

● 3-3 まとめに代えて

本章では，アクティブラーニングとしての効果を引き出す上では，①内容理解が深まるような予習の仕方，②議論を通じた理解の深まり，の2点が重要であることを示すことができた。反転授業における教育効果を引き出す上では，対面授業での議論が活性化するような授業設計，そして対面授業を進める上での前提条件となる，内容理解が深まるような予習の仕方が組み合わさることが必要であろう。図3-1にも示した通り，対面授業の場面における議論を通じた理解の深まりが媒介することによって，最終的な教育効果に大きな違いがもたらされるものと思われる。反転授業は構成上，どうしても事前学習のための動画作成や，対面授業の設計などに目が向きがちになってしまうのが現状であろう。しかし，内容理解が深まるような予習の仕方が起点となるため，今後は予習の仕方に関するファシリテートも必要になってくるのではないだろうか。

本章で取り上げた事例は4科目と比較的少数であるため，さらなるデータの蓄積と分析が必要である。また，今回使用したデータはいずれも個人の主観的評価によるものであるため，成績データなどといった客観的評価に基づくデータを組み込んだ分析も必要であろう。議論を通じた理解の深まりが媒介することによって，教育効果にどれほどの違いがもたらされるかといった点も含めて今後の課題としたい。

【引用・参考文献】

浅野志津子（2002）．「学習動機が生涯学習参加に及ぼす影響とその過程—放送大学学生と一般大学学生を対象とした調査から」『教育心理学研究』**50**, 141–151.

糸井重夫（2015）.「経済・金融教育における"反転授業"の有効性と課題」『経済教育』**34**, 144-148.
奥田阿子・三保紀裕・森　朋子・溝上慎一（2015）.「新入生を対象とした上級英語クラスにおける反転学習の導入と効果の検討―長崎大学を事例として」『京都大学高等教育研究』**21**, 41-52.
河井　亨・溝上慎一（2012）.「学習を架橋するラーニング・ブリッジングについての分析―学習アプローチ，将来と日常の接続との関連に着目して」『日本教育工学会論文誌』**36**(3), 217-226.
竹内久顕（2016）.「次期学習指導要領における教育方法・教育課程の考察―「アクティブ・ラーニング」と「学習評価」のあり方に即して」『教職研究』**28**, 61-73.
塙　雅典・森澤正之・日永龍彦・田丸恵理子（2014）.「反転授業における対面授業の設計と運営の重要性」『日本教育工学会第 30 回全国大会講演論文集』, 753-754.
溝上慎一（2014）.『アクティブラーニングと教授学習パラダイムの転換』東信堂
森　朋子（2016）.「アクティブラーニングを深める反転授業」安永　悟・関田一彦・水野正朗［編］『アクティブラーニングの技法・授業デザイン』東信堂，pp.88-109.

第2部
反転授業を支える環境

04 反転授業を支える環境として教員支援を考える

岩﨑千晶

1 反転授業に関する教授支援の必要性

　近年，授業外に講義映像を視聴し，授業内は映像で学んだ事柄について学生同士が意見交換をしあうといった反転授業が国内外において実施されている。反転授業の効果としては，学力格差への対応，アクティブラーニングの推進，学生の理解を深め成績の向上に役立っていること等が報告されている（たとえば Bergmann & Sams, 2012；Fulton, 2012；船守, 2016 など）。反転授業は，オープンエデュケーションの普及が加速した北米を中心に発展し，日本の高等教育においてもその導入が増加している（重田, 2016）。実際に日本の学会や研究会においても反転授業に関する実践が多数なされている。たとえば，2015 年度の大学教育学会では反転授業に関するラウンドテーブルが2セッション開催されている。同年度の日本教育工学会においても反転授業に関するセッションが複数行われている。

　今後，こうした反転授業の効果をより向上させ，反転授業の普及を目指すには，教員への支援を充実させる必要がある。これまでにも教育現場においてインターネット，PC，タブレットといった ICT の導入がなされてきたが，ICT を活用した授業実践の効果を向上させ，普及を目指すには，インフラの整備を実施したり，FD 担当者が教員へのコンサルテーションを実施したりするなどの教員支援が重要であることが指摘されている（Sharpe, 2007；苑, 1999；苑・清水, 2007；岩﨑他, 2008 など）。教員への支援を整備するためには，反転授業の科目内容，授業設計，効果や課題，大学による現行の支援内容を明らかにする必要があると考える。これらが明らかになれば，反転授業を展開するための効果的な教育方法や教員に必要な支援を提供できる。しかし，現状は個別の授業実践に関する研究報告はなされているものの，教員

を対象とした現状調査は緒に就いたばかりであり，研究知見が十分に蓄積されていない。

そこで本章では反転授業に取り組んでいる教員を対象に反転授業の現状に関するアンケート調査の結果に対して分析考察を加え，教員支援の方法を提示する。

2 反転授業に関する先行研究

● 2-1 反転授業の授業設計や導入効果に関する研究

反転授業はさまざまな教育分野で導入され，その授業設計に関する報告や効果が指摘されている。外国語教育では，奥田ら（2015）が，英語教育における学習内容の理解，学びへの意識に対して反転授業がよい影響をもたらしているのかに関して調査を行い，学習内容の理解促進に効果があったことを指摘している。また近藤（2015）が教職課程において，会計学においては，木本（2016）が反転授業を実施したことで，成績が向上したことについて各々報告をしている。反転授業の導入は個々の授業にとどまらない。塙ら（2013）は，山梨大学工学部の専門科目において反転授業を導入し，成績向上がみられたことを指摘している。このほか北海道大学，東京大学においても反転授業が導入され，その効果が指摘されている（重田他，2015；山田，2014）。

今後は，反転授業の受講状況や成績情報を用いたラーニング・アナリティクスにより学生の学習状況に応じた教育を提供できる可能性も検討されている（船守，2016）。しかし，その一方で，インターネットの接続環境，教材の開発環境などに課題があるといった教員の声も挙げられている（小川，2015）。それにもかかわらず，これらの課題への対策としてどのような教員支援が求められるのかに関しては十分な議論がなされていない。

● 2-2 反転授業を効果的に実施する技術やシステムに関する研究

授業設計に関する研究のほかに，反転授業を効果的に実施するための技術やシステムに関する研究も行われている。たとえば山下と中島（2016）は，反転授業において授業外で用いる教材として音声教材と映像教材を比較している。学生の満足感に対して音声と映像に有意差は確認できなかったものの，学習効果に関しては学習単元の内容により映像教材の方が有用であることが示されている。また吉崎（2015）は，反転授業の予習をする段階において学習支援システム LePo を用い，LePo が提

供する付箋機能とコンテンツキュレーション機能（情報を切り抜き，スタイルシートにまとめることができる機能）を活用した実践をしている。調査の結果，学生が映像を視聴し，それに対する意見をLePoの付箋に書きこみ，教材を見て関連すると思った箇所を切り抜いてストーリーシートにまとめることにより，学習内容の理解に役立てられたと報告されている。

しかし，これらの技術やシステムに関する研究知見を教員が十分に活用できる現状にあるのかに関しては，先述した小川（2015）の指摘のようにシステムの整備やコンテンツのメンテナンス等において課題が残る。

● 2-3 複数の反転授業事例を基にした体系的な研究

個別の授業実践を対象とした事例研究に加えて，複数の事例を基にした体系的な調査を行う研究も行われている。ビショップら（Bishop & Verleger, 2013）は反転授業を行った24事例を対象に「学年」「授業内外での活動」「受講者数」「教育実践の評価法」等の項目をたて，反転授業の傾向を分析している。また森ら（2015）は反転授業の実践13事例を分析し，授業を1）完全習得学習型，2）高次能力育成型，3）ダブル・ティーチング型に分類し，その学びの効果と構造に関する調査を行っている。これらの調査では反転授業の実践傾向について把握できる有益な調査であるといえる。しかし，具体的な科目特性や評価方法を含む授業設計，教員の抱える課題を調査項目として対象にしていない。

一方，アメリカの大学における反転授業の状況を調べたThe Center for Digital Education, in association with Sonic Foundry（2013）の調査からは教員支援に関するいくつかの知見を得ることができる。調査の結果，反転授業を実施している大学の約8割（N = 90）が学生の知識獲得の改善，在籍率の向上に効果があると回答している。また自分のペースに合った学習や成績の向上に役立っているという効果も提示されている。一方，反転授業をする際に教員が抱える課題としては，教材開発に関する項目が最も多く，次いで，教授中心のアプローチから学習中心のアプローチへの移行が挙げられている。本調査の結果は，米国における反転授業の学生への効果や教員が抱える課題を示しており，反転授業の現状や今後の教員支援を検討するための有益な手立てになりうると考える。しかし，このような調査は日本においては見あたらない。

そこで，本章では，大学教員を対象に反転授業の現状に関するアンケート調査を実施した結果に対して分析考察を加えることから，教員支援の方法を提示する。

3 アンケート調査の方法

2014年12月から翌年4月にかけて反転授業に取り組む大学教員に反転授業の現状に関するアンケート調査を依頼した。職階や所属大学の規模に偏りが出ないように配慮し，調査に協力を得た教員33名（教授14名，准教授9名，講師・助手等8名，特任教員等その他2名）を対象にアンケート調査を実施した。所属大学の規模は，学生数が12000名以上の大学が9名（27.3%），12,000–7,000名程度が4名（12.1%），7,000–3,000名程度が13名（39.4%），3,000–1,000名程度が4名（12.1%），1,000名以下が3名（9.1%）であった。

教員への質問項目は，反転授業の現状を把握するため，担当科目，反転授業を始めたきっかけ等「科目特性に関する質問」，授業内，授業外における教育方法，評価方法等「反転授業の授業設計に関する質問」「反転授業の効果，課題に関する質問」「大学による反転授業に対する現状の支援」について，選択肢（5件法）や自由記述形式で尋ねた。

4 アンケート結果と考察

● 4-1 反転授業の導入科目とクラスサイズ

反転授業を実施している授業形態は，講義（26件78.8%）での実施が多く，次いで演習（5件15.2%），実習（2件6.1%），その他（2件6.1%）が挙げられた（複数選択可）。講義と演習，講義と実習の両方において反転を導入している教員が各1名いた。演習においても反転授業が展開されつつあるが，やはり，講義科目で実施されている傾向が強いことが明らかになった。またこれらの科目の受講生数は，10名以下（2名6.1%），20–30名（7名21.2%），31–50名（6名18.2%），51–100名（9名27.3%），101–200名以上（8名24.2%），201名〜（1名3.0%）となっており，一定の傾向が見受けられなかった。少人数での講義，演習，ならびに100名を超える多人数講義においても反転授業が取り入れられていることがわかり，反転授業は受講生数に影響されず，幅広いクラスサイズで実施されていた。

反転授業が導入されている科目群に関して最も多かったのは自然科学（10件30.3%）であった。次いで，医療看護（6件18.2%），社会科学（4件12.1%），人文学（3件9.1%），その他（10件30.3%）との結果が寄せられ，さまざまな科目において反転授業が導入されていることが示された。

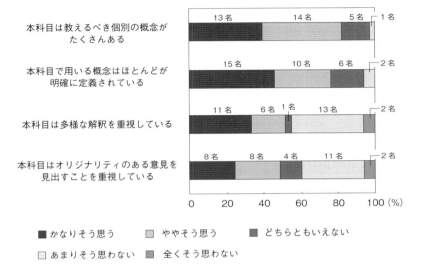

図 4-1 科目特性

　これらの科目特性について何らかの傾向が見出せないのかを調査した結果を図 4-1 に示す。質問項目に関しては田中（1999）による科目特性とコンピュータ利用傾向に関する教員調査を参考とした。

　調査の結果，「本科目は教えるべき個別の概念がたくさんある」という問いに対して「かなりそう思う（13 名 39.4%）」「ややそう思う（14 名 42.4%）」と回答した教員が全体の約 8 割（27 名 81.8%）を占めた。「本科目で用いる概念はほとんどが明確に定義されている」には，「かなりそう思う（15 名 45.5%）」「ややそう思う（10 名 30.3%）」と回答した教員が 25 名（75.8%）であった。教員は明確に定義されている数多くの概念を学生に教える必要がある科目で，反転授業を取り入れる傾向が見受けられた。

　一方，「本科目は多様な解釈を重視している」には「かなりそう思う（11 名 33.3%）」「ややそう思う（6 名 18.2%）」との回答が寄せられた。「本科目はオリジナリティのある意見を見出すことを重視している」に対しては「かなりそう思う（8 名 24.2%）」「ややそう思う（8 名 24.2%）」であり，多様な解釈とオリジナリティのある意見を見出すことを重視している教員が約半数いた。しかし，「本科目は多様な解

釈を重視している」という問いに対して「全くそう思わない（2名6.1%）」「あまりそう思わない（13名39.4%）」との回答も寄せられ，「本科目はオリジナリティのある意見を見出すことを重視している」に対し「全くそう思わない（2名6.1%）」「あまりそう思わない（11名33.3%）」という回答が出ている。いずれも4割前後の教員がこれらの項目を重視していないことが明らかになった。

このような結果からは，反転授業は明確に定義された教えるべき個別の概念を習得する科目での実施傾向が多いが，その科目において多様な解釈やオリジナリティのある意見を重視するのかに関しては，約半数の教員が重視している一方で，4割が重視していない傾向にあることがわかった。森ら（2013）が指摘する科目で学ぶべき概念を完全に習得する「完全習得学習型の教育」と，概念を学んだ後に議論をして学びを深める「高次能力育成型の教育」が実際に行われていることが指摘された。

● 4-2 反転授業を導入するにいたったきっかけ

従来の授業形態を変更し，「反転授業を導入しようとしたきっかけや理由（複数選択可）」について尋ねた結果を図4-2に示す。最も多くの教員が回答した意見は「従来の授業をするうえで課題を感じていたから（25名75.8%）」であった。次いで「効果があると聞いたので，試行的にやってみようと考えたから（14名42.4%）」「自分の教育力を高めたかったから（10名30.3%）」が挙げられた。

反転授業に関しては学会やマスコミで取り上げられる機会が増えてきており，教員が試行的に反転授業を実施している様子がうかがえた。加えて，自らの教育力を高めたいと授業改善や授業力の向上に関して熱意をもった教員が3割程度いることも示された。また「同僚の先生から誘われたから（5名15.2%）」という意見が寄せられ，教員が同僚と話すなかで反転授業のよさを知り，導入に至るケースも明らかになった。

では，反転授業を導入したきっかけで最も回答が多かった「授業で抱えている課題」とはどのようなものなのか。その課題を自由記述で確認し，結果をカテゴリーに分類した。33名中25名から回答があり，平均回答文字数は50字であった。カテゴリー分類に関しては「授業外学習時間が少なすぎる」といった回答であれば，「授業外の学習時間が少ない」に分類した。また「教室内での一斉授業では，学生の参加意識が少ないことに悩んでいました」であれば，「学習者の主体的な授業参加がされていない」に分類した。結果を表4-1に示す。

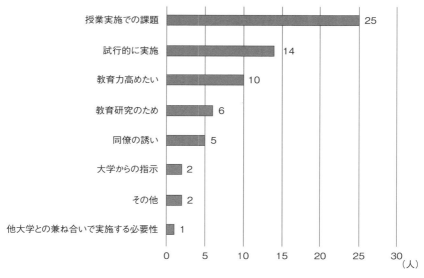

図 4-2 反転授業を導入したきっかけ

表 4-1 授業で抱えている課題に関する自由記述分類

カテゴリー	調査対象者 No	該当数
①単に知識を教授する授業に限界を感じた	2, 4, 17, 20, 21, 23, 29, 33	8
②授業内容の理解が不足している	1, 17, 18, 19, 27, 28	6
③学習者の主体的な授業参加がされていない	6, 11, 25, 27, 30, 32	6
④学習意欲が低下している	6, 10, 19, 32	4
⑤授業外の学習時間が少ない	6, 12, 31	3
⑥授業の効率が悪い	11, 21, 24	3
⑦教育の質を向上させたい	9, 29	2
⑧単位を落とす学生が多い	5, 17	2
⑨JABEE で必要である	8	1

　自由記述は「①単に知識を教授する授業に限界を感じた」「②授業内容の理解が不足している」「③学習者の主体的な授業参加がされていない」「④学習意欲が低下している」「⑤授業外の学習時間が少ない」「⑥授業の効率が悪い」「⑦教育の質を向上させたい」「⑧単位を落とす学生が多い」「⑨JABEE（日本技術者教育認定基準）で必要である」に分類された。「①単に知識を教授する授業に限界を感じた」「②授業内

容の理解が不足している」では「知識教授型の授業を行ってきて，学生が従来ほど理解していないことをペーパーテストで感じたため。また，単に知識を与えるだけではダメだということを感じたため」「学生の基礎学力が著しく低下した」といった意見が寄せられた。教員は従来の講義形式では十分な学習効果を上げることが困難であることを確認し，学生が自ら考えて学んでいくための方法を検討した結果，反転授業を導入している様子がうかがえた。また「③学習者の主体的な授業参加がされていない」では，「アクティブ・ラーニングを導入する上で，前提知識を揃えておかないと足並みが揃えられずに学習効果を高めきれないため」との回答があった。

　以上のように，教員は知識を教授する授業の限界や，授業内容の理解不足といった喫緊の課題を抱えていることが明らかになった。加えて，学習意欲を向上させることや学生同士の議論をより深め，活性化させるための手段として反転授業を導入していることがわかった。

● **4-3　反転授業における授業設計**
1）授業外における反転授業の方法

　教員はどのような授業設計をして反転授業を展開しているのかを明らかにするため「反転授業を導入した授業回数」「授業内・外における教育方法」「評価の方法」について尋ねた。

　反転授業の実施回数は，10–15回の授業において反転授業を導入していた教員が最も多く11名（33.3%）であった。次いで，3–5回実施した教員が10名（30.3%），6–9回が7名（20.6%），1–2回が4名（12.1%），その他が1名（3.0%）であった。調査の結果，教員が全授業回において反転授業を導入しているわけではないことが明らかになり，各教科の目的に応じてさまざまな導入方法が検討されていることが示された。

　「授業外における反転授業の形式」について尋ねた結果を図4-3に示す。調査の結果「授業前に動画を閲覧し，授業に出る（9名27.3%）」「授業前に動画を閲覧し，小テストを受けた後に，授業に出る（6名18.2%）」「授業前に動画を閲覧し，授業に出て小テストをうける（4名12.1%）」「授業前に動画を閲覧し，ノートを作成した後に授業に出る（3名9.1%）」「その他（11名33.3%）」となっている。「その他」に関しては，小テストやノートテイキング等を組み合わせた授業方法が提示された。

　「授業前に動画を閲覧し，授業に出る」と回答した教員は全体の4分の1程度にとどまり，残りの教員は映像視聴に加えて小テストやノートテイクといった学習活動を共に実施している様子が見受けられた。

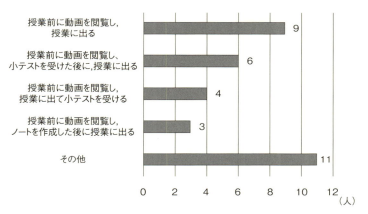

図 4-3　授業外における反転授業の形式

　たとえば，数学（微分積分）を担当する教員は，「授業前に動画を閲覧し，ノートを作成し，与えられた問題を解いた後に，授業に出る。動画を閲覧し，要点をノートするだけでは数学的な概念の意味や計算技術を習得するのは困難なので，必ず問題を解く（正解に至らなくてもよいが，少なくとも問題に取り組んで，いろいろと考え計算をしてみる）ことを学生に要求している」（「授業外における反転授業の方法」を実施した理由に関する自由記述より）という意見を寄せた。ほかにも「実際には，動画を閲覧し，ノートを作成し，小テストを受けます。この際大事なのは，ノートを作成することです。ノートをとるために，動画を漫然と見るのではなく，止めて巻き戻ししたり，考えたりする必要があるからです。WEBで小テストも行いますが，それは動画をみたかどうかの確認のためです」（「授業外における反転授業の方法」を実施した理由に関する自由記述より）との意見があった。
　反転授業では，講義映像を事前に視聴するという活動イメージが強いが，本調査においては講義映像の視聴だけで反転を実施している教員は27％程度にとどまっていた。実際は，教員が映像視聴とノートテイキングや小テストといった学習活動を連動させたうえで反転授業を展開する傾向にあることが指摘された。

2）対面授業での教育方法
　「対面授業における教育方法」について尋ねた結果を図4-4に示す。教員からは「学生同士のディスカッションが中心であるが，講義も多少取り入れている（8名

24.2％）」「講義中心であるが，学生同士のディスカッションも多少取り入れている（6名 18.2％）」「学生同士のディスカッションを中心に構成している（5名 15.2％）」「講義を中心に構成している（1名 3.0％）」「その他（13名 39.4％）」との回答があった。

約6割の講義で学生同士のディスカッションや学生が主体的に学ぶことができるようなワークが取り入れられ，教員が学習中心の授業を実施している姿が見受けられた。実際，従来の授業方法からの変更点に関して，「講義の時間を減らすようになったか」を尋ねたところ，16名（48.5％）の教員が該当すると述べている。

回答者が最も多かった「その他」においても，実習であるプログラミングや課題制作をさせることや，模擬授業，グループで問題を解くなど，学生の主体的な活動が行われていた。たとえば「その他」を選択したある教員は，「動画の内容を簡単に解説し，実習を行う。いくつかのバッファを設定することにより，動画だけで内容を理解できなかった学生，動画を閲覧しなかった学生へのケアを行っている」（「対面授業における教育方法」の理由に関する自由記述より）と回答していた。この教員は，まず動画内容に関する解説を簡潔に済ませた後，授業をすすめていく。教員は動画の解説をすることで，内容を理解できなかった学生や動画を閲覧する機会を逃した学生へのサポートをしている。同じく「その他」を選択した別の教員からは，映像での講義内容に関連する「問題演習（学生個人にその場で問題を解かせ，授業者が解説をする），ピア・ラーニング（理解を学生ペアで説明をし合う）」（「対面授業における教育

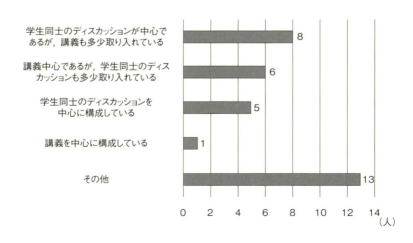

図 4-4　対面授業の形式

方法」の理由に関する自由記述より）をしているとの意見が寄せられた。

やはり反転授業では教員が映像を視聴することだけに重点が置いているわけではなく，対面授業においても映像をどのように読み解いていくかについて配慮したり，学生同士の議論をさせたりするなどして学生の理解を深めようとする様子がうかがえた。

3）反転授業の評価方法

「反転授業を導入したことで，評価方法で変更があった点」について尋ねた結果を図 4-5 に示す（複数回答可）。最も多かったのが「変更していない（16 名 51.5%）」である。次いで，「事前課題を評価に取り入れる（7 名 21.2%）」「ルーブリック評価を取り入れる（5 名 15.2%）」「学生同士による評価を取り入れる（4 名 12.1%）」「ディスカッションを評価に取り入れる（4 名 12.1%）」「動画閲覧を評価に取り入れる（4 名 12.1%）」「学生に評価目標を設定させる（1 名 3.0%）」「その他（4 名 12.1%）」であった。

調査の結果，約半数にあたる 16 名の教員が評価方法を変更していないことが示された。16 名中 9 名が「評価方法の変更」の理由に関する自由記述に回答しており「授業内容は変わらないため，成果を確認する方法は従来と同じでよいから」という意見が 6 件，「新しい方法を見出せていない，理由がない」という意見が 3 件であった。

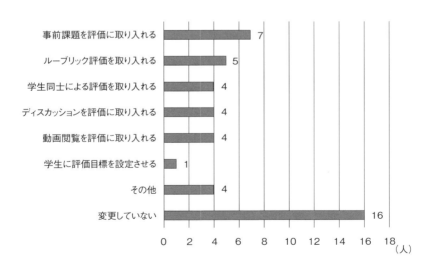

図 4-5　反転授業における評価方法

一方,「評価を変更した」と回答した教員は,ルーブリック評価や事前課題としての映像視聴,ノートテイキング,小テストの結果を成績評価に入れる等,新しい評価方法を導入していることがわかった。これらの教員は,「試験での評価に発言数を加算している。発言を促すため」(「評価方法の変更」に関する自由記述),「予習し問題意識をもって授業に臨んでいるかを評価の対象にするため」(「評価方法の変更」に関する自由記述)と述べており,映像視聴や議論という新たに取り入れた学習活動に適した評価をするため従来の評価方法を変更していることが示された。

授業設計をする際には,まず教育の目標を設定し,その目標を達成できたのかを確認するためにどのような評価方法がよいのかを検討し,教育の内容・方法を決める必要がある(鈴木, 2008)。つまり教育の目標,教育の内容・方法,評価のバランスをとることが非常に重要になる。反転授業を導入する際には映像制作が必要であるため,教育内容や方法への配慮が強くなることが推測されるが,同様に,教員は教育の目標を達成できているのかどうかを判断できる評価方法に関しても検討を加え,授業設計のバランスに配慮する必要がある。

● 4-4 反転授業の効果

反転授業の効果に関しては,「反転授業を導入して,学生が身につけた力に変化があったのか」という設問に対し,24名(72.7%)の教員が「かなりそう思う(6名18.2%)」「ややそう思う(18名54.5%)」と回答し,学生の能力に変化を感じていた。たとえばある教員は「動画を閲覧し,予習ノートを作成し(高校までの基礎的事項の復習も含めて)問題意識をもって授業に臨むようになったことと,授業中に真剣に演習問題に取り組むようになったこと」(「学生の力に変化があった」と回答した教員の自由記述より)のように反転授業の効果を実感していた。学生は事前に講義内容を習得することで,単に講義を受け身の姿勢で聞くのではなく,問題意識をもった上で授業での講義や議論に参加しているといった効果が挙げられている。

このほかにも「反転授業で,ディスカッションの時間が増え,これまで以上に学生が積極的に授業に取り組むようになった」(「学生の力に変化があった」と回答した教員の自由記述より),「講義毎に作成するミニレポートの記述内容の具体性や気づき。講義中の発話内容等(に変化があった)」(「学生の力に変化があった」と回答した教員の自由記述より)との意見があった。教員が学生のレポートや言動に変化を感じ,反転授業の効果を実感している様子が見受けられた。

また反転授業では学生が自分のペースで映像を視聴することができるため,「理

解の遅い学生は，ビデオ講義を繰り返し見る努力を自発的に行っている（対面の講義よりも，ビデオの方がよいとする学生はかなりの数存在する）。若干難しい問題についても，演習主体で行うことにより理解度が上がり，テストの得点が飛躍的に上がった」（「学生の力に変化があった」と回答した教員の自由記述より）等，各学生の理解度や学習進度に応じて映像を視聴することで学生の講義内容への理解が高まり，成績が向上したという意見もあった。

● 4-5 反転授業の課題

前節で述べたように教員は反転授業を導入してその効果を感じていた。その反面，9割近くの29名（87.9%）の教員が反転授業を実施する際，授業に課題を感じていることもわかった。「反転授業をする際の課題をする際，授業中に感じた課題（複数選択可）」について尋ねたところ，「映像視聴の理解」に課題を抱える教員が多いことが明らかになった。教員は「学生がどこまで動画を理解しているのかわからない（17名51.5%）」「映像を閲覧していても，学生の間に理解の差がある（16名48.5%）」「動画閲覧した学生と閲覧していない学生に差がある（12名36.4%）」との回答を寄せた。「学生の映像に対する理解度を教員が把握し，学生が映像への理解を深めるためにどのような映像や教育方法を用意すべきか」など映像を活用に関する学習・教授方略を提示する必要性が示された。

次に「ディスカッションで意見する学生に偏りがある（9名27.3%）」「ディスカッションで意見は出るが議論の深まりに欠ける（7名21.2%）」と，議論の深まりに関する課題が明らかになった。授業外に講義映像を視聴したとしても，授業内に工夫を凝らさなければディスカッションを深めていくことは容易ではなく，そこに課題を抱える教員の様子がうかがえた。議論が深まる議題の設定，ディスカッションをすすめるグループ分け等に関して，授業内で活発な議論が交わされるための対面授業における授業設計を改めて検討する必要性が指摘された。

また「ディスカッションに適した教室がない（8名24.2%）」「カリキュラム編成・コマ数の変更ができない（7名21.2%）」と回答している教員もおり，反転授業やそれに伴う議論やグループワークを実施しやすいアクティブラーニングに適した学習環境の整備やカリキュラム編成に関する改善を求める教員がいることも明らかになった。

次に，反転授業の特性でもある「動画を撮影，編集，配信する際に課題だと感じていること」について尋ねたところ，「動画撮影・編集・配信に時間がかかる（16

名 48.5%）」「学生にとって見やすい映像がどのようなものか確信を持てない（13 名 39.4%）」「学生所有の PC 等の都合で動画を閲覧できない学生がいる（12 名 36.4%）」が上位を占めた。「授業のどこを映像にすると学習効果が高まるか確信を持てない（7 名 21.2%）」と考える教員もおり，今後，授業のどの部分を動画として配信し，わかりやすさに配慮した動画をどう制作するのかに関して，調査を進め，教員らへの提言をする必要性がある。また，「トラブル・クレームの対応を自分でしている（5 名 15.2%）」「動画の閲覧をする際の学生 ID や PW の登録が煩雑である（4 名 12.1%）」に該当すると答えた教員もおり，動画制作や学生のトラブルシューティングに対応する窓口の必要性等も指摘された。

● 4-6　反転授業に取り組む大学による現行の支援

　教員は反転授業を実践するにあたり，さまざまな課題を抱えていることが明らかになったが，反転授業の実施にあたり「大学はどのような支援を提供しているのか（複数選択可）」を尋ねた。その結果，「システムの提供（8 名 24.2%）」「教員が操作に躓いた際の相談窓口（4 名 12.1%）」「学生が動画閲覧で躓いた際の相談窓口（3 名 9.1%）」「システム提供とそれに伴う作業（2 名 6.1%）」「動画制作についての相談（2 名 6.1%）」「他教員作成の動画紹介・閲覧システムの提供（1 名 3.3%）」といった回答が示された。学生・教員の相談窓口，動画制作に関する相談等ソフト面での支援を組織的に提供している大学はまだ十分ではなく，今後の課題になるといえる。

　次に「TA, SA などの授業をサポートするスタッフが活用できるのか」に関しては，14 名（42.4%）の教員が TA を利用して反転授業に取り組んでおり，うち 10 名（76.9%）の教員が毎回の授業に TA を活用していることがわかった。「TA, SA などのスタッフの主な活動内容（複数選択可）」を尋ねたところ，「プリントの配付（9 名 27.3%）」「グループディスカッションサポート（6 名 18.2%）」「理解が乏しい学生へのサポート（6 名 18.2%）」「事前課題の確認（4 名 12.1%）」「ICT 機材の操作（5 名 15.2%）」「出席の確認（3 名 9.1%）」「その他（4 名 12.1%）」との結果であった。出席確認や ICT 機器の操作など TA らは通常講義と同様の活動をしている様子がうかがえるが，グループディスカッションのサポート，理解が乏しい学生へのサポート，事前課題の確認が反転授業に関わる部分だと推測でき，教員の授業を支える TA が反転授業を実施する上で求められる支援の一つになることが考えられる。しかしその効果については十分検証できておらず，今後の課題になるといえよう。

5 アンケート調査のまとめ

　これまでの議論を踏まえて，反転授業を支える教員支援に関する今後の課題と展望を述べる。

　反転授業を導入している授業科目に関しては，幅広い科目，クラスサイズでの実施されていることが示されている。大学は特定の科目に絞るのではなく幅広い科目を対象とした教員への支援が求められる。

　教育方法に関しては，各科目の学習目標に応じた多様な授業設計がなされていることがわかった。教員は映像視聴に加え，ノートテイク，小テスト等の学習活動を組み合わせることで学生の理解を促そうとしており，授業外，授業内の学習活動に配慮した総合的な授業設計を行う傾向にあることが示された。しかし対面授業における議論の深め方に課題を抱える教員も散見されたため，議論を深める議題，グループワークを円滑に進める学習方略といった議論を深めるグループワークの方法について支援をする必要がある。また教育方法を変更する一方で，評価方法に関しては変更をしない教員も半数近くいた。今後は教育目標，教育方法，評価方法のバランスを検討した授業設計への支援が必要であることがわかった。

　映像制作や映像視聴に関しては，講義のどの部分を映像にすべきかに関する支援や，映像活用に関する学習教授方略を提示することが望ましいことが指摘された。さらに反転授業を普及させるにあたっては，教員が個別に対応するのではなく，学生，教員の相談窓口，動画制作に関する相談等ソフト面での支援を組織的に構築し，よりよい授業実践を支える必要になるであろう。

【謝　辞】
　調査に協力いただいたた先生方に心より感謝申し上げます。

【付　記】
　本章は，岩﨑千晶（2017）「高等教育における反転授業に関する教員調査と教員支援」関西大学高等教育紀要第 8 号に掲載されている。また，本研究は，文部科学省科学研究費補助金・基盤研究（C）（研究課題番号 16K01143），平成 28 年度関西大学教育研究高度化促進費「アカデミック・ライティング力を育むための教育システム開発とデザイン原則の導出」の一部である。

【引用・参考文献】

岩﨑千晶・久保田賢一・冬木正彦（2008）．「LMS の活用事例からみる授業改善の試みと組織的支援」『教育メディア研究』**14**(2), 1–10.

小川　勤（2015）．「反転授業の有効性と課題に関する研究―大学における反転授業の可能性と課題」『大学教育』**12**, 1–9.

奥田阿子・三保紀裕・森　朋子・溝上慎一（2015）．「新入生を対象とした上級英語クラスにおける反転学習の導入と効果の検討」『京都大学高等教育研究』**21**, 41–51.

木原俊行（1998）．「自分の授業を伝える」浅田　匡・生田孝至・藤岡完治［編］『成長する教師』金子書房, pp.185–196.

木本圭一（2016）．「会計学初等教育における反転授業の導入と効果」『商学論究』**63**(3), 345–358.

近藤真唯（2015）．「教職課程における反転授業の活用と学習効果」『千葉商大紀要』**53**(1), 103–117.

戈木クレイグヒル滋子（2008）．『質的研究方法ゼミナール』医学書院

重田勝介（2016）．「オープンエデュケーション―開かれた教育が変える高等教育と生涯学習」『情報管理』**59**(1), 3–10.

重田勝介・八木秀文・永嶋知紘・浜田美津・宮崎俊之・島麻里江・小林和也（2015）．「MOOC プラットフォームを利用した大学間連携教育と反転授業の導入―北海道内国立大学教養教育連携事業の事例から」『デジタルプラクティス』**6**(2), 89–96.

鈴木克明（2008）．「インストラクショナルデザインの基礎とは何か―科学的な教え方へのお誘い」『消防研修』**84**, 52–68.

田中俊也（1999）．「知識獲得・運用に関する教師の哲学と教室におけるコンピュータ利用の関連（1）」『関西大学教職課程研究センター年報』**13**, 37–39.

塙　雅典・田丸恵理子・森沢正行・安藤英俊・日永龍彦・伊藤亜希子・永峰猛志（2013）．「音声動機スクリーンキャプチャ技術による講義ネット配信を用いた工学教育におけるフリップとクラスルームの試行」『日本教育工学会第 30 回全国大会講演論文集』, 753–754.

船守美穂（2016）．「MOOC と反転学習がもたらす教育改革―デジタル時代・高等教育のユニバーサル化・超高齢社会における大学像」『ECO-FORUM』**31**(2), 26–34.

森　朋子・本田周二・溝上慎一（2015）．「大学教育の反転授業デザイン―授業観察からその効果を考察する」『日本教育心理学会総会発表論文集』**57**, 232.

山田恒夫（2014）．「MOOC とは何か―ポスト MOOC を見据えた次世代プラットフォームの課題」『情報管理』**57**, 367–375.

山下祐一郎・中島　平（2016）．「音声機材を用いた反転授業による物理教育の映像教材との実践比較」『東北福祉大学研究紀要』**40**, 49–61.

苑　復傑（1999）．「大学におけるメディア利用システム―三層モデルを用いた事例分析」『メディア教育研究』**2**, 1–14.

苑　復傑・清水康敬（2007）．「大学教員の教育力強化とメディア活用―アメリカの事例分析とその含意」『メディア教育研究』**4**(1), 19–30.

吉崎弘一（2015）．「学習支援システム LePo を用いた反転授業の実践」『秋田大学総合情

報処理センター広報』, 2–5.
Bergmann, J., & Sams, A. (2012). *Flip your classroom reach every student in every class every day*. International Society for Technology in Education (ISTE).
Bishop, J. L., & Verleger, M. (2013). *The flipped classroom: A survey of the research*. Atlanta GA: American Society for Engineering Education.
Fulton, K. (2012). Upside down and inside out: Flip your classroom to improve student learning. *Learning & Leading with Technology*, **13**, 12–17.
Sharpe, R. (2007). *Rethinking pedagogy for a digital age: Designing and delivering E-learning*. UK: Routledge.
The Center for Digital Education, in association with Sonic Foundry (2013). *Flipped research*〈http://www.sonicfoundry.com/wp-content/uploads/2015/05/SOFO-05.15-Flipped-Research_ebook.pdf（最終閲覧日：2016年8月20日）〉.

【引用・参考ウェブサイト】
日本オープンオンライン教育推進協議会　http://www.jmooc.jp/　（情報閲覧日2015年6月20日）

05 教師を支える

反転授業の教育環境支援

安部有紀子

1 はじめに：学生中心の授業づくりに向けた挑戦

　中等教育の教員たちの草の根的な活動によって広まった反転授業は，今や大学教育にも波及し，先駆的な事例の蓄積も始まっている。一方，受講者である学生に目を向けてみると，反転授業を含めたアクティブラーニング型の授業を喜んで受け入れる学生もいる一方で，戸惑いを感じている学生も少なくない。

　本章では，学生に対する「学習支援」の視点から，反転授業を導入した際に受講者である学生が感じる学習上の課題をどのように支援するか，考えていくこととする。

　本章で取り上げる学習支援は，谷川（2012）の定義を参考に，「大学生（場合によっては入学予定者）に対する授業内外での学業に係わる支援を大学が組織的に提供するプログラム・サービス」とし，またアクティブラーニングについては，松下が言及した「行為すること，行為についてリフレクションすることを通じて学ぶこと（松下・京都大学高等教育研究開発推進センター，2015：2）」とする。

2 アクティブラーニングにおける学習支援

　アクティブラーニングを取り入れた大学教育では，学生自身が考え，知識を応用し，学ぶことが奨励されるため，必然的に授業の中心は教員による教授よりも学生の学習に焦点が当たるようになる。このような学習者中心の授業を先駆的に取り組み始めた米国では，その理念は教室の中に留まらず，授業外の学生支援プログラム・サービスにおいても浸透している。

反転授業では，授業の中で伝統的に行われてきた教員による教授が，事前学習（もしくは事後学習）としてビデオ教材やテスト等を用いた自主学習に置き換わり，授業の中は獲得した知識を用いた応用問題の演習や活動（アクティビティ）などに「反転」することから，授業内だけでなく，教室の外の学生生活上で行われる学生の学習にも着目する必要がある。

　教室内に目を向けてみると，学生の主体的かつ能動的な活動を生み出す仕掛けである授業内の演習や活動の手法については，具体的には，ショルダーワークを始め，ピア・インストラクション（ピア・ラーニング），ロールプレイング，問題解決型学習，課題探求型学習，体験学習など，多様な手法がある。安永によれば，これらの活動に共通するのは，「書く，話す，発表する，議論する，体を動かす，ものを操作する」など，学生自身が目に見える具体的な活動に参加すること，そして個人活動だけでなく，教員と学生，または学生同士の双方向のグループ活動が中核に据えられていることが求められる（松下・京都大学高等教育研究開発推進センター，2015）。

　そして，アクティブラーニングにおける学生に対する学習支援の視点としては，反転授業では欠かすことのできないデジタルメディアの活用についても触れなければならないだろう。事前学習におけるビデオ視聴やオンラインテスト，課題の提出などの場面において，学生は何らかのオンライン学習に関わる可能性も高い。

　大学教育においても，1980年代終わり頃から，オンライン支援が広く活用されるようになったが，一方で学生からの対面による直接支援への学生からのニーズも相変わらず高い。特にチュータリングについては，オンラインでは時間や場所を気にせずにいつでも気軽に質問や回答をやり取りできる反面，ボディーランゲージやアイコンタクト，声のトーンといった細かな様子が伝わりにくいため，対面よりも，より言葉の投げかけに注意を払い，柔らかい印象を与えるようにした方がよいといわれている（Macdonald, 2006）。また，オンラインを用いた学習支援では，フィードバックにおいても「学生に改善点を1つ指摘するなら，2つ良い点のコメントを入れる」などの配慮が必要となる。

　このように，対面以上にオンラインでの学習支援は難しいと感じる側面もあるが，一方で上手に活用できれば高い効果も期待できる。例えば教員が10分程度の短時間の手作りのビデオ動画を準備し，学生に事前学習として課した場合，動画内に含まれた教員からの授業進捗に合わせたコメントや呼びかけが，授業コミュニティへの帰属意識を高めることに繋がる。また，通常は教室内で完結する学生と教員のやり取りが，学生のプライベートな時間と空間でもビデオを通じて再現されることで，

両者の関係を継続させることが可能になる。

このように，反転授業においては，学生の学習は教室に留まらず，授業内外での学びの全てが対象となり得る。加えて，学生の学習の捉え方が広がり，学習上の課題もより複雑になっていくと考えられるため，学習支援についても多様なアプローチが必要となる。

3 日米の学習支援センターの発展から見る学習支援の変遷

それでは，反転授業を含めたアクティブラーニング型の授業を実施するうえで，必要となる学習支援とは一体何だろうか。その疑問に答えるために，まずは大学教育における学習支援を担う中心組織である学習支援センターの変遷について見ていきたい。

日本の大学教育において学習支援センターに相当する組織の設置が進んだのは1990年代後半以降である。当初は，私立大学を中心に設置が進んだが，近年では国公立大学においても同様な組織を設置するようになり，小川は「カリキュラム改革だけでは学生達の学力形成に限界があることが明らかになりつつある現在，（学習支援）センターは不可欠の教育組織になりつつある」（日本リメディアル教育学会，2012：223）と指摘している。

一方で，日本の学習支援センターの参照元といわれている米国の学習支援センターは，1970年代以降に設置が始まった。そもそも，米国の大学教育における学習支援の源流は，大学創設期の学寮にある。当時米国の大学では，大学は公私にわたって学生の生活に深く関わっており，学寮においても，教員がチューターとして，授業を受けるために必要な知識や語学を教える以外にも，専用の家庭教師を雇用することもあれば，学生同士で教え合うピアチューターも日常的に行われていた（CAS, 2009）。

1930年代頃から現在の学習支援センターの萌芽となる読書（reading）に関する技法を教える窓口や，学習法の研究所などを設置する大学が登場するが，いずれも他機関まで広く波及するような勢いはなかった。1950年代以降，ようやくチュータリングや3R's（読書，ライティング，数学）の補修講義といった学習支援プログラムの制度化が少しずつ行われるようになった。その後1970年代に入ると，補修教育やピアチューター制度に対する学生ニーズの高まりを受け，学習支援センターの設置が急速に進んだ。その背景には，オープンアドミッション方式（非選抜入学）や，中

等教育における学力低下の問題から来る高等教育における学生の質の多様化が大きな影響を与えていた。また同時期に，大学は財政難による大人数クラスの増加等の問題にも直面していたことから，効率的に教員の教授を支援する情報技術のシステムやツールを積極的に取り入れ始め，協同学習や協調学習といった新たな教授法の導入を促進する環境が整っていった。このような学生の質の多様化と，教授法の転換期において，学習支援ではさまざまなプログラム・サービスが開発されていくこととなった。

現在，米国の学習支援センターは，学生の発達と学業の成功を促進することを目的に，大学入学から卒業までの学生を対象に，幅広いプログラム・サービスを提供している（CAS, 2009）。また提供されるプログラム・サービスには，大きく分けて個人の学生を対象とした支援と，グループを対象とする支援の2つが存在している。主に個人に対する支援はチュータリング，メンタリング，学習コーチング，カウンセリングなどのプログラムが提供される一方で，学生グループに対する支援にはSI（Supplemental Instruction：補講）や学習セミナー・ワークショップ，PLTL（Peer Led Team Learning）[1]などが提供されている。

また，学習支援のプログラム・サービスを内容別に類型化すれば，主に高校時代の学習内容の復習といった，新入生（あるいはそれ以外）の学力不足を補う「補修教育型」と，新入生を対象にした，大学と高校の学習方法の差異を埋める「初年次教育型」の2つに分けることもできる（谷川他, 2005）。補習教育型では3R's（リーディング，ライティング，数学）を基本にした学習を主とする一方で，初年次教育型では高校と大学の学習方法の差異を埋めるためのスキルを学ぶことがその主な目的であり，スタディスキルズ（学習のためのテクニック）や大学生活の過ごし方，タイムマネジメント，ノートの取り方，レポートの書き方，プレゼンテーション方法，図書館利用法，キャリア教育等が含まれる。しかしながら，1960年代以降，補習教育に関連し大学院進学のための準備教育やスタディスキルも組み込まれていくようになってきたことから，現在では両者の境目は曖昧になってきており，両者を含め広義の学習支援として受け止められるようになっている（谷川他, 2005）。

---

1) PLTL（Peer Led Team Leaning）は，訓練された学生リーダーのもと，同じ関心を持つ学生同士が集まり学び合うこと。週末に宿題に取り組む，読書会，テーマ別学習会など，内容は多岐にわたるが，学生同士のコミュニティ形成にも効果があると考えられている。

再び日本の学習支援センターへ目を向けてみると，過去20年の歴史において，提供する支援内容にも変化が見られる。導入当初は補習教育型と初年次教育型が，個別に提供されていたが，ライティングセンターなどのスタディスキルに特化した組織の設置や，言語学習のためのチュータリングサービスの提供などの組織の形態も徐々に広がりを見せていることから，米国と同様に，補習教育型と初年次教育型の境目も徐々に曖昧になっていくだろうと予想される。

また，近年では，図書館やキャンパスの一角に学生の主体的な学びを促進するための個人・グループ学習のスペースとして，ラーニングコモンズの設置も進んでいる。ラーニングコモンズでは学習のための環境を提供するほか，チュータリング等の学習支援のプログラム・サービスを提供することも多々ある。学習支援の領域では，このような学習空間に名称を付け，組織的位置づけや物理的場所を学生に明示することを，しばしば学生にとって学習のための「場の感覚（A Sense of Place）」を高めるための方策といわれる（Enright, 1995）。また，その場において，支援者であるカウンセラーや講師，学生チューター達が，学生の学習を支援するプログラムを継続的に提供することによって，学生に「相談相手が定まっている」という安心感を与えることもできる。

いずれにしても，学習支援センターやラーニングコモンズなどの設置は大学が学生の学習促進に注力していることを，学生に伝えるための有効な手段の一つであるといえそうである。反転授業や他のアクティブラーニングの導入が進んでいけば，学生の学習は授業内に留まらず，「いつどこで何を学ぶのか」について，学生自身の選択の幅が広がっていくだろう。そのため，学習環境の整備についても，授業内外の学生の学びを総体的に捉えて議論を進めなければならない。

4 学び合いの中で成長する学生：学習コミュニティの構築

学生の主体的な学びを促進するためには，効果的な学習環境を整える必要がある。中でも，アランとクラークによれば，主体的な学びを促進する要点となるのは，授業時間外の学習（予復習などの授業時間外における自主学習）である。学習者中心の大学教育において，学生は伝統的な授業内での教員からの直接的な指導によって学ぶだけでなく，学生生活上の交友関係やグループやクラスでのディスカッション，学問に関する自由な議論，インフォーマルな他の学生との会話を通じて，学生は学びを深め，成長していく（Allan & Clark, 2007）。

このような学生同士の相互の学び合いの関係性は，学習コミュニティ（learning community）と呼称される。学習コミュニティは，米国において1984年の『学習への関与(Involvement in learning)』(Study group on the conditions of excellence in higher education, 1984) にて，キャンパスにおける学習環境構築の方策の一つとして取り上げられたことをきっかけに，広く用いられるようになった (Smith et al., 2004)。学習コミュニティの形態はさまざまであるが，例えば関連した授業科目を繋ぎ合わせ，1年間などの決まった期間，同じ学生集団で科目を取っていくクラスター制を始め，教員と学生，学生同士の相互交流や学生関与を高めるための夏学期コースの開設，また，協同学習や体験学習を含めたアクティブラーニングも，学習コミュニティの一部に捉えることができる。学生は個人で学習を進めるだけではなく，キャンパス中に形成される小規模な学習コミュニティに所属しながら，教員と学生，学生同士の相互のやり取りの中で成長していく。その際，一人の学生が所属する学習コミュニティは一つではなく，複数の学習コミュニティに，参加度や役割を変えながら関与していくこととなる。

問題は，現代の大学キャンパスにおいては，質の高い学習コミュニティは，意図的かつ戦略的に形成しなければならないということである。この点についてクーは，細分化され，個別化された大学教育カリキュラムやサービスの現状を踏まえ，学生を意図的に構築された学問生活・社会的生活へ巻き込む努力が必要であると言及している (Kuh, 2000)。さらにクーは，教員や学生の行動を学習者中心に向かわせるための新たな教育目標やミッションを明示したうえで，学生生活において意図的な学習促進の場面を提供することの重要性も指摘している。このような状況下において，現在の学習支援では，授業内外における学習コミュニティの形成を積極的に奨励している。

それでは，反転授業を初めとしたアクティブラーニングにおいて，学習コミュニティを意識した実践にはどのようなものが考えられるだろうか。学生同士の相互的な学習に焦点を当てた池田と館岡 (2007) は，参加者が互いの存在を尊重する「対等」，協働の主体同士が理解し合い関係性の中で自己実現を展開していくための「対話」，参加者が協働に参加する以前には持ち得なかった新たな成果を創り出す「創造」，といった3要素を捉える必要性を説いている。複数回にわたって定期的に顔を合わせる必要のある授業も，広義では一つの学習コミュニティと考えられるが，より戦略的に学生の学習が促進されるコミュニティへと発展させていくためには，学生が学問に自ら関与していく場面を作らなければならない。具体的には目的を持った少人

数グループ活動において自らの責任と役割を持つことや，課題達成を集団で成し遂げるために試行錯誤することなどが考えられる。加えて，学習コミュニティに学生が所属していることを意識させるために，個人もしくはグループに対する教員からのフィードバックや，他の学生からのレスポンスが定期的に行われることも有効である。

　また，制度化された学習コミュニティとしては，授業内のティーチングアシスタントを活用した先輩学生からの指導のほか，授業外でも近年，訓練を受けた先輩（場合によっては同級生の）学生が他の学生に対して学習の支援を行うピアチュータリングやピアアドバイシング等の取組が急速に広がっている（安部, 2015）。これらの取組は，学生同士の近い関係性の中で安心感を与えながら支援を行うことができることや，低コストできめ細やかな個人指導の提供ができるという利点に加え，支援者側の学生チューターやアドバイザーにとっても，実際の支援活動のプロセスにおいて，他者に教える（支援する）という行為の中で，他の学生から多くのものを学ぶことができるという点で，注目されている取組である（Newton & Ender, 2010）。

　ピアチュータリングの効果についての多数の研究成果をレビューしたベイリーは，ピアチューターの支援を受けた学生（tutee）の学習効果が高く，特に卒業率，GPAやテストを含む学業成績，コース修了率，リテンション率，単位取得率，アクティブラーニングへの参加度などにおいて改善が望めると結論づけている（Bailey, 2010）。

5　学習支援で扱う学習技法の最新動向

　それでは具体的な学生の学習支援の最新動向を見ていきたい。学習支援の拡大期に，多くの教職員や学生に3R's（読書，作文，数学）やスタディスキルの技法を紹介したマクスウェルは，近年，1980年代後半以降の学習支援の理論における革新的な研究成果が続々と登場していることに注目している（Maxwell, 1994）。特に，認知心理学，情報処理学，言語学，神経生理学などの分野において見出された記憶や知力，学習スキルについての新たな研究理論は，学習支援の実践にも大きな影響を与えている。それでは，これらの変化が学生の学習支援に関わる学習内容（例：スタディスキルなど）にどのような変化を与えたのだろうか。「戦略的な時間管理（タイムマネジメント）」と，「テキストの読書法・ノートの取り方」の2つを例に挙げ，反転授業への応用を踏まえながらその特徴を追ってみたい。

● 5-1 戦略的な時間管理（タイムマネジメント）

　反転授業では，事前学習となるビデオを使った講義は，単なる予習としてではなく，従来の授業内で行っていた講義を事前に学生が視聴し，学習する。そのため，学習に対する時間の使い方は従来以上に戦略的に進めなければならない。米国では，特に初年次の学生にとって，高校から大学への生活の適応で最も難しいのが時間管理といわれており，近年，多くの大学の学習支援センターにおいて，「タイムマネジメントセミナー」などが開かれている。

　日本においても，2012年の中央教育審議会大学分科会『予測困難な時代において生涯学び続け，主体的に考える力を育成する大学へ（審議まとめ）』にて，大学生の学習時間の増加が強く求められたことを受け，授業時間外の学習への関心が高まっている。しかしながら，ある特定の授業で課題を多く出したことによって，学生の学習時間増加へと直結するとはいいがたい。もし，学生が授業出席に多くの時間を割いているならば，そもそも余分な授業外学習に当てられる時間がなく，課題に取り組む時間と労力を省くようになるであろう。

　このような場合，CAP制[2]の導入や，授業時間の短縮，成績評価の厳格化など，授業時間を抑制するための教育制度の見直しを図る必要がある。しかしながらその一方で，学生にも，個人の学習目標に到達するために，限られた時間の使い方を含め，どのような方法と手順で進んでいけばよいのか，学習戦略のスキル向上が求められる。

　一般的に，時間管理についての支援が必要な学生を発見するための注意すべき行動は，「授業に遅刻してくる」「授業終了時間前に教室を出て行く（出て行きたいと頼む）」「病欠以外の理由で授業を休む，約束の時間に来ない」「宿題をやってこない（もしくは授業開始5分前に宿題を仕上げている様子が見られる）」「試験前に余裕が見られない」といわれている。仮に複数回にわたり，このような行動を繰り返しているようであれば，時間管理についての支援が奨励される。例えばマカンらは次のような4つの支援ステップを推奨している（Macan et al., 1990）。

1．短期間の目標と優先事項を決める
2．「この本を明日持って行く」「毎日やることリストをつくり，それをやり遂

---

[2] CAP制とは，学生が各年次において偏りなく授業を履修するよう，1年間（もしくは1学期）に履修登録できる単位数に上限を設ける制度のこと。

げるまで見直す」等の具体的な方法，予定，計画を立てる
3. 「自分で時間管理ができている」「些末などうでも良いタスクに参っている」といった時間管理に対する認識を改める
4. 「机が散らかっている時の方が欲しいものがすぐ見つけることができる」「頭が支離滅裂な時に最も創造的なアイデアが浮かぶ」といったいい加減さを受け入れる

● **5-2 教科書，文献等の読書・ノートのとり方（レジュメの作り方）**

　学生に授業内容に関連した教科書や参考文献を読むように指示することは，反転授業に限らず，大学の授業において日常のありふれた風景である。事前学習として課す場合もあれば，授業内で一斉にテキストを読ませる場合もある。また，授業後に学生個人が発展的学習を行うための参考資料を紹介することもあるだろう。学生の読書に関する実験結果では，テキストを読む際は，ノートをとりながら，もしくは要約をしながら読むよりも，繰り返し再読する方が効果的であることも示唆されている（Maxwell, 1994）。

　しかしながらノートをとることは，テキストの情報を整理して記憶に留めるという点では十分な効果がある。加えて学生が，自分自身の言葉に置き換えて情報を残す，情報と自分の課題とのつながりを明らかにするなどの，高次の思考を伴ったノートのとり方も身につけることができれば，より効果は高まる。

　また，読書[3]でインプットされた知識を活用するためにノートをとるような，読書とノートのとり方には切り離せない関係が存在する。ノートのとり方としては，有名なコーネル大学メソッド（ノートをとった左側にラインを引き，ノートの概要を示したキーワードを書き込んで行く方法）や，アウトライン（レジュメ作成）法，図式化（マッピング・チャート），など多様な手法が存在している。しかしながらこれらのノートのとり方はそれぞれメリットとデメリットがあるため，学生が多様なノートのとり方を理解し，適切に選択できるように奨励していく必要がある。

---

3) 大学生のテキスト読書法としては，F. ロビンソンが『効果的な学習法（*Effective Study*）』（Robinson, 1946）において提唱した「SQW3R 法」がよく知られている。Survey（概要を理解する），Question（問いを作る），Read（答えを探しながら読む），Recite（本を見ずに答えを書く），Review（本を見ながら答え合わせを行う）の頭文字を取ったもので，学習者が主体的に問いを立ててテキストなどを読み込むことができるように考案されたもの。

このように，学生中心の学習支援では，学習者である学生が自らの学習目標に対して到達するための手段やプロセスに対する支援に重点が置かれるようになる。学生が学習をスムーズに進めるためのさまざまな技法も，個人が主体的に選択し，活用することで最大の効果が発揮される。

● 5-3 学生の学習スタイル

それでは，学習者中心の授業において，教員が理解すべき学生個々の学習の方法や特徴などは，どのように把握すればよいのだろうか。学生個人の学習目標への到達プロセスや効果的な学習方法に個人差があることを示したものを「学習スタイル理論」という。学習スタイルの研究は 1980 年代頃からよく知られるようになり，米国においては，学生の学習を促進するために「個々の学生の学習へのアプローチを判断し，うまく活用する」という考えのもと，学習支援において積極的に用いられるようになった。学習スタイルの理論としては，H. ガードナーの「多重知性理論」や D. A. コルブの経験学習理論に基づく「学習スタイル」などがよく知られている。これらの学習スタイル理論の特徴は，いずれも学生の個人差を踏まえたうえで，個人の体験と知力発達を結びつけているところにあり，学習支援の実践に対して大きな影響を与えた。例えばコルブの学習スタイル理論は，学生が自分の学習についての自己認識を深める重要性を示し，学修助言やスタディスキルの積極的な活用を促すとともに，授業内のディスカッションやレポート作成，思考法などの具体的な技法を生み出すことに大きく貢献している（Hamrick et al., 2002）。しかしながら現在の教育実践の現場，特に授業における教授においては，学習理論は未だ十分に認知されているとは言い難い。今日の高等教育においてカリキュラムや教育方法を改善する際に，学習スタイル理論は，学生の学習アプローチの選択と，その効果の関係性を理解するうえで，有益な示唆を与えてくれるであろう。

6 反転授業における学習上の課題への学習支援からのアプローチ

ここまで，学習支援で提供されている支援内容や実践を支える理論的な枠組みについて整理してきた。ここからは，反転授業に再び焦点を当て，学生の抱える課題からどのような学習支援が考えられるか探っていきたい。表 5-1 は，2013 年度および 2014 年度に「反転授業研究会」（代表：森朋子）に参加した 14 の授業において反転授業実施後のアンケート調査結果から自由記述を抜粋したものである。対象とな

表 5-1 反転授業における学生の学習上の課題

事前学習の負担が大きい	(17)	課題のフィードバックがない	(8)
動画視聴中に質問ができない	(16)	動画やシステムのトラブル	(6)
教員の授業中の解説不足	(16)	授業モチベーションの低下	(5)
授業進行・構成の不満	(13)	事前学習不足者・欠席者対応	(5)
反転授業への不満	(10)	動画が難しい/易しすぎる	(3)
内容が理解できない/易しすぎる	(11)	解答が欲しい	(3)
その他	(8)		

注:( )内の数値はコメント数

るアンケート回答者は 406 名(男性 273 名,女性 132,不明 1 名)であり,年次の内訳は,1 年次生 261 名,2 年次生 76 名,3 年次生 58 名,4 年次生 10 名,不明 1 名であった。

　本アンケートでは自由記述において「一般の授業と比べて反転授業の良かった点」(回答者 223 名),「一般の授業と比べて反転授業の改善点」(回答者 152 名)の 2 点を尋ねている。ここでは,「学生の学習は,反転授業のどのような場面で課題を抱えやすいか」を明らかにするために,自由記述の後者の「改善点」における記述に着目した。「改善点」に回答した 152 名の記述から無効回答を除き,コメント別に整理したところ,有効なコメント数は 117 あり,それぞれ記述内のワードを元にラベルを付け,内容別にカテゴライズを行った。以下に,表 5-1 で挙げられた項目のうち,上位 5 項目について具体的な学習課題や学習支援的アプローチからの対応を整理してみたい。なお,学生の記述の抜き出し箇所は,該当する箇所を抜き出した際に,趣旨を変えない程度に,個人が特定されないよう一部言い換えなどの修正を行っている。

　表 5-1 の学習上の課題の上位に挙げられている項目を中心に,実際の学生のコメントとともに,学習支援的なアプローチからの対応を提示していきたい。以下に提示した対応は,あくまでも学習支援の領域から見た可能性の一つであり,教育者の試行錯誤の実践蓄積から,既により素晴らしい解決策が見出されているものもあるであろうことも付け加えておきたい。

● 6-1　事前学習の負担が大きい

> ● 予習の負担が大きい。
> ● ビデオを見ながらノートをとる作業は慣れてないのもあって普通の授業よりつかれた。

　反転授業では，従来の講義に相当する部分を，学生が教室外で事前に学ぶことが求められるため，講義中心の授業に比べて事前学習の負担が増えたように感じる学生が少なくないようである。

　反転授業を広めたバーグマンとサムズは，反転授業の導入によって宿題の時間が増えてしまうのではないかという懸念に対して，「少なくとも私たちの場合，生徒がビデオ視聴に費やす時間は，従来の方式で宿題をするのに費やしていた時間とほぼ同等だ。むしろ短くなる場合も多い。従来モデルでは，苦戦している生徒ほど，理解できない宿題に膨大な時間をかけざるを得なかったからだ」（バーグマン・サムズ，2014：195）と言及している。彼らの反転授業の実践は，高校で展開されたため，講義前の予習にあたる「宿題」が課せられていることが珍しくなく，このような発言に結びついたとも考えられる。

　しかし前述の答申においても言及されているように，質の高い学生の学習を生み出す授業のあり方とは，「教員と学生とが意思疎通を図りつつ，学生同士が切磋琢磨し，相互に刺激を与えながら知的に成長する課題解決型の能動的学修（アクティブ・ラーニング）によって，学生の思考力や表現力を引き出し，その知性を鍛える双方向の講義，演習，実験，実習や実技等の授業を中心とした教育」（中央教育審議会，2012：4）とされている。反転授業は，授業の大部分を占めている講義を授業外に出すことで，授業時間内をよりグループワークや個人演習，また教員と学生のやり取りに集中し，「質の高い学生の学習」を実現しようするものである。

　バーグマンとサムズも，「反転授業に必ずビデオが必要なわけではないし，必ず自宅で観なければならないわけでもない。反転授業の狙いは，あくまで学習の中心を教師から学習者に移すこと」（バーグマン・サムズ，2014：196）と指摘している。何よりも重要なことは授業を学習者中心に変えることであり，そのために反転授業が授業の学習目標を達成するために最適な方策であると定めるならば，まず，その点を学生に十分理解してもらわなければならない。そのうえで，反転授業における新たな学生の学習方法の何が利点なのか，また具体的にどのように学習を進めれば良い

のかを学生に伝えたうえで，始めて実施に取りかかることができるようになる。

要するに，準備を十分行った状態で授業に臨むことによって，授業内でいかに質の高い学習に参加することができるか，学生自身が実感し，納得することである。

一方で，学生にとっては，今まで個人の裁量に任されていた事前学習が，動画視聴の時間や課題によって拘束されることに不自由を感じる場合もある。そこで，より強調される学習技法の一つが，「時間管理（タイムマネジメント）能力」である。時間管理能力は，単に課題に取り組む時間をうまく確保するといった時間の割り振りだけでなく，「与えられた課題に対してどの程度エネルギーを割けば良いか」「どの課題からこなしていけば良いか」といった学習を進めるうえで不可欠なスキルでもある。これらの学習のための基本的な技法が，主体的な学びに大きな影響を与えることは，学生自身にもあまり知られていない。よって，学生から課題の量に対する不満が出てくるのであれば，課題の内容や量の調整だけでなく，学生が事前学習の時間管理能がきちんとできているかについても留意する必要がある。必要があれば，短時間でも良いので，授業内で「なぜそのような努力（事前学習に時間を割くこと）が必要か［目的］」や「事前学習でどこまで理解していれば良いのか［到達点，目標］」を含め，事前学習の進め方の例を提示することも効果的である。

また，戦略的な時間管理を進めるために，教員はシラバスに授業全体を通じた事前学習課題を明記することが望ましい。これにより，学生はどの回でどのような準備を行えば良いか知ることができる。他にも，もし学内に学生の事前学習，事後学習を支援するような設備や学習支援センターなどの資源があれば，学生が必要な時に学習資源にアクセスできるよう，シラバスに記載しておくことが可能である。

● **6-2　動画視聴中に質問ができない／教員の授業中の解説不足**

- パソコンに向かって1人でやるよりは，直接先生の授業を受ける方が質問もできるし，理解が深まると感じました。
- 授業のスピードが速く，説明も簡単にしただけで終わることが多く，理解するのが難しかったのでもう少しゆっくりやってほしい。
- 予習の時点でわかりにくかったところや難しいところを授業で解説してほしい。
- 初心者向けの参考書等をもっと紹介してほしい。

学生のコメントにあるように，教員の解説を聴きなら疑問点があればその場で質問ができ，全員が同じような理解度で進むことができているのであれば，そもそも反転授業を導入する必要はない。実際には講義中心の授業の場合，教員の解説の最中に何度も手を挙げて質問を挟むことや，教員に聞き逃したところや理解できなかった箇所を何度も繰り返し解説してもらうことは難しいだろう。逆に理解できているところを飛ばすこともできない。反転授業の利点は，事前学習の動画では，学生が自分の理解度に合わせて，どの部分を重点的に学べば良いかを自分で選ぶことができるところにある（バーグマン・サムズ, 2014）。

　ただし，学生が懸念するように，学生が一人でも疑問を解決できるよう，関連資料や情報へのリンクや参考文献リストを，動画と併せて学生に提示するような配慮も必要である。一方で，教員にとっては，動画による講義では，学生の表情やアイコンタクトが欠けているため，学生の理解度を汲み取るサインがない。そのため，学生が理解できている箇所とできてない箇所を授業前に把握する何らかの方法は持っていた方がよい。例えば疑問点を事前に教員やティーチングアシスタントへ送付させ，授業の冒頭で解説を加えることもできる。また，動画の内容をノートにとり，提出させることや，学生にあらかじめ動画に関連した質問を考えさせ，授業中にその質問について他の学生に解答させるなどの取組例もある。他にも，動画視聴の前に小テストを行うことも考えられる。これにより学生自身が理解できていること，理解できていないことを把握でき，あらかじめ動画のどこに注目すれば良いかがわかるようになる。

　また，課題を課す場合には，何らかの形で学生にフィードバックを行うことが望ましい。授業内容と関連しない課題を課すことは，教員（もしくは授業内容）に対する信頼を失わせる原因になるからである。

　近年では，大学でオフィスアワーの設定が求められることも多いが，事前・事後学習を進める中で出てきた疑問を，Eメールやオンライン授業システム，オフィス電話などのうち，どのような方法で教員にコンタクトを取ればよいのか，あらかじめシラバスで学生に伝えておくことも重要である。これらの情報をシラバスに明記することは，学生に対して教員が学生の学習に対してどのように関わろうとしているのかを伝えるとともに，教員としての教育的関与の限界について示す意味も含んでいる。学生に対して学習に必要な情報が十分提供されているという前提でいえば，学生も限られた時間と資源の中で，戦略的に自らの学習を進めていく力を身につけなければならない。

● 6-3 授業進行・構成の不満

> ●問題を解く時間と話し合う時間をしっかり分けてほしい。
> ●グループワークの際，一人に任せる方がはるかに効率がよい。
> ●教室内での演習を増やしてほしい。

　反転授業の場合，事前に必要な知識は学生が教室外で学んできているという前提でアクティブラーニングに臨むため，授業では，学習目標や内容についての共有といった導入パートはある程度省略できる。また，グループや個人に授業内で与える課題の内容も，ある程度学生自身が把握できているため，グループ（もしくは個人）ワークにスムーズに入ることができると実感している教員は多い。

　しかしながら，授業全体の構成やグループワークの技法を手探りで進めるのは無駄も多い。幸いなことに近年では，さまざまなグループワークや個人ワークを進めるやり方が載った書籍や，その技法を学ぶワークショップ[4]なども身近になってきている。協同学習の実践について言及した安永によれば，協同学習においては，既に開発されている技法の手順や留意事項を忠実になぞることで，学生の活動性は高まり，一定の成果が得られるという（松下・京都大学高等教育研究開発推進センター，2015）。これらの情報資源をうまく活用することで，アクティブラーニングの経験のない教員でも，一人で進めることができる。

　また，教員側がアクティブラーニングに慣れていないことと同じく，学生側も主体的な学習活動の手順には，未だなじみが薄い。最終的には学生自身が自律的に学習を行うことができるようになれば，教員は教室内で補助が必要な学生に時間をかけることもできるだろうし，発展的な学習を臨む学生には高度な課題を与えることができるようになるであろう。このような，学生の個々のレベルに合わせた対応を行う余裕を作ることは，反転授業導入の目的の一つだが，学生は最初から主体的なグループワークや個人演習ができるわけではない。最初は丁寧に時間をかけながら寄り添うよう授業を進行し，慣れてきたら徐々に手放していくという，学生との関わり方についても留意しなければならない。

---

4) 例えば，日本協同教育学会が主催する協同学習に関するセミナーやワークショップの開催情報などは，協同教育学会ホームページ〈http://www.jasce.jp〉（最終閲覧日：2017年3月9日）を参照。

● 6-4 内容が理解できない／易しすぎる

- 重要な点がなんとなくわかりづらい。
- 授業でやることが他の授業に比べ少ない。

　動画を見てもどこが強調される点なのかを学生がわからないという場合は，動画内の情報の適切さや表現方法について再考する機会になる。学生が動画よりも対面の講義を好む理由は，動画だと，どうしても教員の声の抑揚や間などが単調になりがちだからであろう。

　一方で，動画を見ている時も，情報が流れ込んで来るのを受け身的な態度で単に視聴しているのであれば，通常の講義中心の授業を受けているのと何ら変わりがない。反転授業の場合，事前学習の動画は10分〜15分程度の短く区切ったものを活用することが推奨されている（バーグマン・サムズ，2014）。限られた時間の中で詰め込まれた情報を，学生はどこが重要なポイントなのかわからず，混乱した状態で視聴しているのかもしれない。これは何も動画に限って起きることではなく，事前に指定された文献を読んでくるような課題でも十分起こり得る。学習支援では，まず課された課題の内容をある程度の塊に分割し，その要約やアウトラインを掴むことや，情報同士の関係性を掴むために図表を作ったり，箇条書きで文章化することが推奨されている。反転授業でも動画視聴の際に，ノートをとることや，教員が用意した小テストを課す事例もある。また，授業の冒頭に10分ほど，作成してきたノートやレジュメをもとに，何が重要だったのかを学生同士で教え合うような時間を持ち，その後教員との質疑応答の時間を持つことも行われている。

　また，アクティブラーニングのような双方向型の授業手法を取る場合，学生に伝わる知識量が，従来の講義中心の授業に比べて減少するという問題がある。しかしながら，反転授業では，授業時間内で「今動画で学んだ知識は過去に学んだどの知識と結びついているのか」「原因や背景は何か？」「それらを使った具体的な例は何か？」等の高次の思考を伴ったアクティブラーニングを取り入れることができる。

　この問題に関連した学習上の課題の「授業モチベーションの低下」においても，「（事前学習の動画視聴で）内容がわかっているので，授業を聞いていないことが多くなった」というコメントがあった。このような学生には，授業では，知識の定着を目的とした動画内容のふりかえり（復習）だけでなく，対面だからこそ可能になる質の高い課題を与えるなど，学生のやる気を引き出すことも考えなくてはならない。

以上，アンケート調査結果から見えてきた反転授業を進めるうえでの学生の学習上の課題とその対応を学習支援的なアプローチとして整理してきた。他にも，「事前学習不足者・欠席者対応」という課題では，「予習をやるのを忘れたときに，授業についていけなくなる」「事前に学習している人，してこない人との間に差ができて不平等に感じてしまうこともあった」といったコメントも挙げられていた。事前学習を行ってこなかった学生（もしくは欠席した学生）の対応については，バーグマン＆サムズは，教室内に動画視聴用のPCを用意しておき，動画を見てから授業に参加させ，その間に進んでしまった授業課題については宿題として課すといったやり方を紹介していた（バーグマン・サムズ，2014）。動画を視聴してこないと授業についていけないということが学生にも理解できるようなれば，事前学習をやってくるようになるという意見もある。場合によっては動画を見ないとできないような小テストやノート取り等の課題を課す必要もあるかもしれない。その場合は，前述したとおり，教員からのフィードバックや，課題に関連した内容を授業の中に埋め込むことを留意しないと，学生のモチベーションが逆に下がる結果になる。

7 おわりに

　ここまで見てきたとおり，反転授業を初めとしたアクティブラーニングにおける学習支援の目的は，「いかにして授業の中心に学生の学習におくか」ということに他ならない。従来の講義中心の授業の中核にいたのは教員であり，学生自身がどのように，何を学び，身につけ，活用するのかは，あまり明らかにされていなかった。
　反転授業を導入することによって，新たに「学習方法を教える／支援する」という課題が浮上してきている。アンケート調査結果からは，受動的な学習に慣れた学生たちが，自ら主体的に学ばなければならない反転授業に戸惑い，「自分の能力が低いかもしくは教員の進め方に問題がある」と考えている様子が窺えた。教員側にも「大学入学前に学生は主体的な学びの準備ができているはずだ」という誤解も潜んでいるかもしれない。未だ大学に入学してくる学生の多くは，知識を統合，活用することや，自分の知識の不足している点を理解し，必要な箇所を必要なだけ学ぶことには不慣れであることを理解したうえで，適切な指導や支援を行う必要がある。
　特に本章で学習方法として取り上げた「スタディスキル」の時間管理能力や読書法，ノートのとり方，また学生同士の学び合いなど，学習支援の領域においてこれまで蓄積されてきたさまざまな技法や理論は，効果検証も進んでいると同時に，基

盤となる認知科学や心理学の発展に伴い，新たな知見も加えられていっている。全ての学生に相応しい学習支援や学習の方法を見出すのは難しい問題だが，一人一人の学生の学習スタイルの違いを踏まえ，より効果的なアプローチを提供することになるべく留意して進めていくことが大切である。その際に，教室の中では，教員は講義に時間を費やすのではなく，なるべく小グループもしくは個人の学生とのやり取りに時間をかけられる環境を作り出すことが肝要である。その意味でも，反転授業は学生の学習を促進するための一つの有効な手段となる可能性を持っているといえよう。

【引用・参考文献】
安部（小貫）有紀子（2015）．「米国高等教育におけるピアプログラムの現状とアセスメントの意義」『大学論集』**48**, 129-144.
池田玲子・舘岡洋子（2007）．『ピア・ラーニング入門―創造的な学びのデザインのために』ひつじ書房
谷川裕稔（2012）．「概説―学習支援と学士力」谷川裕稔・長尾佳代子・壁谷一広・中園篤典・堤　裕之［編］『学士力を支える学習支援の方法論』ナカニシヤ出版，pp.2-12.
谷川裕稔・山口昌澄・下坂　剛（2005）．『学習支援を「トータル・プロデュース」する―ユニバーサル化時代の大学教育』明治図書出版
中央教育審議会大学分科会（2012）．『予測困難な時代において 生涯学び続け，主体的に考える力を育成する大学へ（審議まとめ）』文部科学省〈http://www.mext.go.jp/b_menu/shingi/chukyo/chukyo4/houkoku/1319183.htm（最終閲覧日：2017年3月9日）〉
日本リメディアル教育学会［監修］（2012）．『大学における学習支援への挑戦―リメディアル教育の現状と課題』ナカニシヤ出版
バーグマン，J.・サムズ．／上原裕美子［訳］山内祐平・大浦弘樹［監修］（2014）．『反転授業―基本を学んでから，授業で応用力を身につける』オデッセイコミュニケーションズ
松下佳代・京都大学高等教育研究開発推進センター［編著］（2015）．『ディープ・アクティブラーニング』勁草書房
Allan, J., & Clark, K. (2007). Nurturing supportive learning environments in higher education through the teaching of study skills: To embed or not to embed? *International Journal of Teaching and Learning in Higher Education*, **19**(1), 64-76.
Bailey, G. K. (2010). *Tutoring strategies: A case study comparing learning center tutors and academic department tutors*. Ph.D. Thesis, The University of North Carolina Greensboro, Retrieved September 15, 2015〈http://www.lsche.net/assets/Bailey_G

eoffrey_dissertation_4-7-10.pdf.（最終閲覧日：2017 年 3 月 9 日）〉

CAS, Council for the Advancement of Standards in Higher Education. (2009). *CAS professional standards for higher education* (7th ed.). Washington D.C.: Council for the Advancement of Standards in Higher Education.

Enright, G. E. (1995). LAC, LRC, and Developmental Education: An Orientation for the Beginning Learning Center Professional. In S. Mioduski, & G. Enright (Eds.), *Proceedings of the 15th and 16th annual institutes for learning assestance professionals*, 40-47. Retrieved February 8, 2017 〈http://www.lsche.net/?page_id=1130（最終閲覧日：2017 年 3 月 9 日）〉

Hamrick, F. A., Evans, N. J., & Schuh, J. H. (2002). *Foundations of student affairs practice*. San Francisco: Jossey-Bass.

Kuh, G. D. (2000). Understanding Campus Environments, In M. J. Barr, M. K. Desler, & Associates (eds.), *The handbook of student affairs administration*. San Francisco: John Wiley, pp.50-72.

Macdonald, L. (2006). Tutoring pnline: Increasing effectiveness with best practices. *NADE Digest*, **2**(2), 9-18. Retrieved February 8, 2017 〈http://www.nade.net/digest.html（最終閲覧日：2017 年 3 月 9 日）〉

Macan, T. H., Shahani, C., Dipboye, R. L., & Phillips, A. P. (1990). College students' time management: Correlations with academic performance and stress. *Journal of Educational Psychology*, **82**(4), 760-768.

Maxwell, M. (1994). Are the skills we are teaching obsolete? A review of recent research in reading and study skills. In S. Mioduski, & G. Enright (Eds.), *Proceedings of the 13th and 14th annual Institutes for learning assistance professionals*, 63-77. Retrieved February 8, 2017 〈http://www.lsche.net/?page_id=1194（最終閲覧日：2017 年 3 月 9 日）〉

Newton, F., & Ender, S. (2010). *Students helping students: A guide for peer educators on college campuses* (2nd ed.). San Francisco: Jossey-Bass.

Robinson, F. P. (1946). *Effective study*. New York: Harper & Row.

Smith, B. L., MacGregor, J., Matthews, R. S., & Gabelnick, F. (2004). *Learning communities: Reforming undergraduate education*. SanFrancisco: Wiley.

Study group on the conditions of excellence in higher education. (1984). *Involvement in learning: Realizing the potential of american higher education*. Washington, D.C.: National Institute of Education.

第3部
反転授業の個別の形

06 理工系科目における反転授業のデザインと効果

塙　雅典

1 はじめに

　のっけから個人的な話で恐縮だが，著者がアクティブラーニングに取り組むようになったのは 2012 年 4 月，文部科学省よりとある教育系プログラムの公募が行われたことに端を発する．ある日突然，当時の企画担当理事から「申請書案作成チームに参加して，アクティブラーニング部分を担当するように」，と電話がかかってきた．著者は 1995 年 4 月の山梨大学着任以来，光ファイバ通信技術の研究に従事すると共に，通信理論，信号処理，プログラミング，実験などの授業を担当していただけの一般的な工学系教員である．当時は「教育学」や「教育工学」という教授法を扱う学問分野の存在は聞き及んでいたものの，その詳細については特に興味をもつこともなく，異世界の話くらいの捉え方であった．結果として，アクティブラーニングの「ア」の字も知らなかったため，理事との電話が切れるなり，まず Google で "Active Learning" と検索したことを鮮明に覚えている．

　著者の担当科目は専門知識の習得を目的とした必修科目で，2012 年以前の授業の方法は，パワーポイントスライドを使った「一斉講義型」であった．できるだけ学生の名前を覚えるようにし，講義中に教室内を巡回しながら時折学生を名指しで問いかけを行っていたため，寝ていたり，授業と関係のないことをしていたりする学生はほとんどいなかったが，授業中の学生の反応は概して鈍く，中には極一部ではあるが精気のないうつろな目をしている学生がいること，などが個人的な懸案事項となっていた．また，別途演習が付いている科目でさえ，授業評価アンケートでは講義中での例題解説や演習の増量を求める声が毎年あり，カリキュラムで設定してある知識伝達量との兼ね合いに苦慮していた．そのような状況でアクティブラーニ

ングに関わる機会を得たことは，著者にとってはまさに時宜を得たものであった。

これから記す内容は，教授法については全くの素人が3年間試行錯誤して得た経験知に過ぎず，本書の「理論編」に適切な内容であるかはわからないが，多少なりとも読者諸氏の参考になれば幸いである。

2 知識習得型科目とアクティブラーニング

まず初めに，大学における一斉講義型授業の抱える問題，「学生が受け身になりがちで，必ずしも理解に結びつかない」を端的に表している刺激的な言葉を紹介する。

> College is a place where a professor's lecture notes go straight to the student's lecture notes without passing through the brains of either.

この言葉の出典は明らかになっていないようだが，1910年に発行されたE. E. スロッソン（Slosson, E. E.）による"*Great American Universities*"という書籍の520ページ[1]に類似の記述があるとされる[2]。すなわち，一斉講義型授業では必ずしも期待されるような教育効果は得られないことが100年以上も前から指摘されながらも，ずっと放置され続けてきたことになる。

アクティブラーニングのさまざまな手法を取り入れることで，授業中，学生は講義を聴くだけ，という受け身の状態から，何らかの形の能動的な学習活動に取り組むため，一斉講義型授業に比べて理解が深まることが期待できる。しかしその一方で，アクティブラーニングに授業時間を割くと，ただでさえ不足しがちな知識伝達量を一層減らさなければならなくなるのではないか，という別の懸念が生じる。

当時著者が入手できたアクティブラーニング関連の資料の中で最も情報量が多く参考になったのは，河合塾［編著］『アクティブラーニングでなぜ学生が成長するのか——経済系・工学系の全国大学調査から見えてきたこと』（2011年，東信堂）であった。この書籍では，知識の定着・確認を目的とした演習・実験などのアクティブラーニングを「一般的アクティブラーニング」と呼び，その重要性が説かれているが，知識伝達量の不足という懸念を払拭できる具体的な手法は残念ながら提示されてい

---

1) 〈https://goo.gl/7h07jG（最終閲覧日：2016年12月28日）〉．
2) 〈http://goo.gl/c8nCDo（最終閲覧日：2016年12月28日）〉．

ない。そこで著者らは,「形式的で一方通行の知識伝達型講義が自主的に学ぶ機会を学生から奪っていないか？」という問題提起の下,「学生自身が明確なビジョンを持ち,自主的で,インタラクティブな学び」を掲げた講義型アクティブラーニングの手法を模索することとした。

　知識伝達型の一般的な一斉講義型授業をいかにアクティブラーニング化するか。冒頭の申請書作成に際して,著者が理事らに提案したのが以下の3点であった。

> 1. 学生は電子教材（講義録画他）を事前に学習
> 2. 教室では疑問点を学生同士で議論して解決
> 3. 教員は追加解説・質問対応で学びをサポート

　すなわち,従来の授業の大半を占めていた一斉講義部分を動画として事前提供することで,貴重な対面授業を,学生にとって一方的・受動的な知識伝達から,学生自身の主体的・協調的な学び合いの時間（アクティブラーニング）に転換することを狙った。

　試行錯誤の結果たどり着いたのが,現在「反転授業」と呼ばれる手法である。当時既に一部で「Flipped Classroom」や「反転授業」という言葉が使われ始めていたことを後に知ったが,その方面に暗い著者には知る由もなく,前出の申請書中では,Visionary（明確なビジョンをもって）,Voluntary（自主的に）and interactive（インタラクティブに）learning を略して,VVin learning＝Win ラーニングと呼称していた（個人的には結構気に入っていたが,残念ながら学内ですら定着しなかった）。この Win ラーニング（講義型アクティブラーニング）で目指したのは,(1) 達成経験と代理経験による自己効力感（ある具体的な状況において適切な行動ができるという予期,および確信）の獲得,(2) 継続的自主的に学習する能力の獲得,(3) チームで物事をすすめるための能力の獲得,(4) 論理的・科学的にコミュニケートする能力の獲得,の4点であった。もちろん (0) 従来の一斉講義型授業と比べて知識伝達量を落とさない,のは大前提である。

　以来,現在に至るまで山梨大学で展開している反転授業は,教員によって多少の違いはあるが,上記の三原則を基本的に踏襲し,おおむね次のような形を取ることを推奨している。

> 1. 教員はPCの画面のスクリーンキャプチャ（静止画／動画）＋音声という形で事前学習用講義動画を作成し，学内SNSを通じて閲覧用URLを配信
> 2. 学生は授業前に事前学習用講義動画を閲覧して新しい知識を獲得
> 3. 教室での対面授業では，教員に質問する／演習問題を解く／学生同士で議論する／自分の考えや解答案を全体に向けて発表する，などさまざまなアクティブラーニングを実施
> 4. 教員は，追加解説や質問対応で学びをサポート

　上記の方法は，アクティブラーニングを導入しても知識伝達量を落とさないために，知識伝達の部分を講義動画という形式で事前学習にしただけ，ともいえる。しかしこれは，「学生が教員（講義）の制御権を得る」という副次的な効果ももたらした。対面で講義を行っていると，学生はわからない点があっても質問をせず，基本的にそのままにしてしまいがちだが，事前学習用講義動画の提供により，学生はいつでも講義を一時停止したり，巻き戻して再生したり，と自由に教師を制御できるようになる。「聴衆環視の中では積極的に質問できない」のは今後解決していかなければならない大きな問題だが，少なくとも知識伝達という観点からは，事前学習用講義動画の提供はこの問題の緩和策となりえる。

　このような反転授業やアクティブラーニングは○○分野には向かない，という趣旨の発言をよく耳にするが，これは誤りである。例えば，理工系は知識伝達型科目が多いのでアクティブラーニングは不向き，という話をよく聞くが，これまで述べてきたように，知識伝達型科目でも反転授業と組み合わせることで，アクティブラーニングを取り入れ，より理解を深められる授業にすることは十分に可能である。全ての科目に反転授業やアクティブラーニングを取り入れる必要はないが，分野や内容によって向き不向きはなく，どのように取り入れるか教師の工夫次第，だと著者は考えている。

　京都大学の溝上慎一先生によれば，アクティブラーニングは「一方向な知識伝達型講義を聴くという（受動的）学修を乗り越える意味での，あらゆる能動的な学習のこと。能動的な学習には，書く・話す・発表するなどの活動への関与と，そこで生じる認知プロセスの外化を伴う」（溝上，2014：7）と定義される。大切なのは「認知プロセスの外化を伴う」こと，すなわち学生自身が学習した内容を何らかの形で出力すること，であって，さまざまなアクティブラーニングの手法を形式的に取り入れること，ではない，点にはご注意頂きたい。

関連して注意が必要なのが，教室における対面授業では事前学習用講義動画と同等の講義を教室で繰り返さない，という点である。補足説明や追加説明は問題ないが，事前学習用講義動画と同等の説明を教室で繰り返してしまうと，学生は講義動画を閲覧してくる（すなわち事前学習をしてくる）意義を見失い，ついには反転授業が崩壊することになる。山梨大学でもこれに類する事例が実際にみられている。

東京大学反転学習社会連携講座の山内祐平先生は反転授業を2つの類型に分類している（山内・大浦, 2014：8-10）。一つは「完全習得学習型」と呼ばれる履修者全員が一定以上の理解を得ることを目指すものであり，もう一つは「高次能力育成型」と呼ばれる従来よりも高度なレベルの能力育成を目指すものである。本節で取り上げている知識習得型科目に適するのは，どちらかといえば完全習得学習型反転授業であり，学修の個別化や高次能力育成学修への前段階と捉えられる。一方の高次能力育成型の反転授業は，アクティブラーニングによって高次思考課題に取り組むことが特徴である。山梨大学では反転授業にアクティブラーニングを組み合わせているが，目指しているのは前者の完全習得学習型反転授業である。先々，学習の個別化や高次能力育成型へ展開できそうな感触は得ているものの，道なお半ば，といったところが実情である。

3 反転授業とインストラクショナル・デザイン

インストラクショナル・デザインは，学習・教育を細かく区切った「インストラクション」に分割し，学習ニーズの分析と系統的な学習経験の開発を通じて「インストラクション」を改善していくプロセス，である。このインストラクションは「学習を支援する目的的な活動を構成する事象の集合体」（ガニェ他, 2007：2）と定義され，教材，講義，さまざまな学習活動，授業の時間配分など，学習・教育に関連する幅広い事象を含む。従来の一斉講義のような「教えること」はその一部にすぎない。

このインストラクショナル・デザインの基本プロセスは，分析（Analysis）-設計（Design）-開発（Development）-実施（Implement）-評価（Evaluation）の頭文字をとって名付けられる「ADDIEモデル」（図6-1）で表される（稲垣・鈴木, 2011）。インストラクショナル・デザインでは，この五つのプロセスを繰り返し実施することで学習・教育を改善する。

一般に，反転授業＝動画による事前学習というイメージが強く，実施にあたっては，まず事前学習用講義動画の作成に気を取られがちだが，これはADDIEモデル

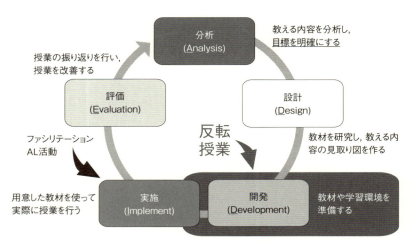

図 6-1　ADDIE モデル

でいえば，3番目の「開発」に相当するにすぎない。大切なことは，まず各回の授業で取り扱う内容をインストラクションに分割した上で，それぞれのインストラクションに適した学習方法の選択と教材の準備を経て，事前学習用講義動画の収録・配信，対面授業におけるファシリテーション，を総合的に行うことである。反転授業やアクティブラーニング型授業の成功の要はインストラクショナル・デザイン，といっても過言ではない。

　図 6-2 は米国の心理学者ロバート・ガニェの提唱した9教授事象である。大学で一般に行われている「一斉講義型授業」では，4番目の「新しい事項を提示する」しか行なわれていないように著者には思われる。もちろん，教師の工夫で他の項目も多少は含め得るが，講義に授業時間の大半をとられる以上，その効果は限定的にならざるを得ない。これに対して，反転授業を導入することで対面授業中に時間的余裕が生まれることから，授業のデザイン次第では，「学習の指針を与える」「練習の機会を作る」「フィードバックを与える」などが容易に行えることは，反転授業導入の大きな動機となり得よう。

　前節で述べたように，著者は三つの原則を定めただけで反転授業とアクティブラーニングに着手した。当初は各回の事前学習用講義動画の作成に手一杯で，対面授業の詳細は手探り（もう少し正確に表せば「自転車操業」）になり，何らかの系統だっ

図6-2 ガニェの9教授事象と反転授業

たガイダンスの必要性を常に感じていた。反転授業を始めて一年以上が経過して初めてインストラクショナル・デザインに触れた際，求めていたものにようやく出会えた，という感銘を受けたものである。もちろん，型に囚われずにがむしゃらに実践を行ったことがよかった面もあり一概にはいえないが，当初からインストラクショナル・デザインを適用できていたらずいぶん楽ができただろう，という想いはある。これから反転授業やアクティブラーニングに取り組まれる方は，まずはインストラクショナル・デザインを適用して全体の授業設計を行った上で，必要に応じて反転授業や各種アクティブラーニングの手法を取り入れるとよいだろう。

4 反転授業用事前学習用講義動画の作成・配信環境

　アクティブラーニングを導入するために反転授業を取り入れようとすると，教員の授業準備負担は確実に増える。さまざまな業務を抱えて多忙な大学教員にとって，大幅な負担増を招く手法は他の教員には受け入れてもらい難いし，何より著者自身が効果検証を継続し難かった。このため，事前学習用講義動画の作成・配信を簡単

に行え，少しでも授業準備の負担を低減できる手法／システムの存在は，反転授業とアクティブラーニング型授業を導入する上でたいへん重要な鍵となる．

　事前学習用講義動画の作成と聞いて，誰でもまず初めに思いつく方法は，教室で実際に講義をする姿をビデオカメラで撮影することであろう．この方法は，板書を主とする講義であろうと，スライド投影を主とする講義であろうと，講義形式を問わずに適用できる，という利点がある反面，受講者にとって最も大切な情報といえる板書やスライドが見づらくなりがちである．また，ファイルサイズを小さくするために解像度を落とすと，ただでさえ見づらい板書／スライドが余計に見づらくなってしまう．これを避けるためには，カメラから大容量の高解像度映像ファイルを高性能の PC に転送した上で，ノンリニア編集ソフトウェアなどを用いて編集し，編集後の大きな高解像度映像ファイルをネットにアップロードしなければならない．この作業は手間も時間もかかり，多忙な教員の日々の業務としてはなかなかに受け入れ難い上に，その動画を閲覧する学生も広帯域のネット回線や大画面の PC を用意しなければならないことから，現実的ではない．

　次に候補となるのは，スライド表示やペンタブレットなどで手書きしている PC やタブレットのスクリーンを，動画としてキャプチャして配信する手法である（iPhone だけで講義動画を収録・アップロードできるソフトウェアも存在するようだが，著者自身は試したことがない）．講師の顔映像を画面中に小さく表示する場合もあるが，大学の授業のように必ず対面授業がセットになることが前提の場合には，スクリーンだけを必要十分な解像度かつできるだけ小さなファイルサイズで配信できる手法が望ましい．このようなスクリーンキャプチャソフトウェアは商用・フリーを問わず 2012 年当時からすでに各種存在していたが，動画としてキャプチャして配信する場合，ビデオカメラ使用時ほどではないにしても，ファイルサイズが大きくなることと編集に手間がかかること，アップロードや閲覧に広帯域ネット回線が必要，という点はやはり問題となる．

　折しも当時山梨大学では，OB が社長を務められていた某大手企業との共同研究プロジェクトが同時進行しており，優秀な研究員の方々のご協力が得られた．上記の問題に関する一連の議論の中で，スクリーンに一定量以上の変化が起こった場合にのみ「静止画として」スクリーンキャプチャを保存し，簡単な操作でサーバにアップロードし，音声と同期して再生できる，独自のスクリーンキャプチャ・配信システムの利用をご提案頂いた．一言で特徴を表すとすれば，「紙芝居収録配信システム」である．静止画としてスクリーンキャプチャを保存することから，データサ

イズは飛躍的に小さくなる。もちろんその代償として動画のような動きの早い画面遷移には適さないが、スライド提示や板書型の授業には問題なく適用できた。さらに画像単位で音声とセットで編集するための最低限の編集機能も有していた。このシステムの存在が、山梨大学における反転授業の試行を強く後押しした。

事前学習用講義動画の作成という新たな負担を軽減するために何より大切なのは、収録-(編集)-アップロード-配信用 URL の取得、がワンストップでできることにある。Screencast-O-Matic というサイト[3] は、動画フォーマットではあるものの、上記システム以上に簡単な収録・配信を実現しており、実に手軽に事前学習用講義動画の収録・配信を始められる。事前学習用講義動画の作成・配信に興味はあるが、どうやって始めればよいかわからないという方は、一度試してみられることをお勧めする。きっとその簡単さに驚かれることだろう。

さて、これらのツールを使った事前学習用講義動画の作成にあたって、著者が心がけているのは以下の2点である。

1. 完璧な動画を求めない
2. 動画は極力短くする（< 15 分）

MOOC などのオンライン学習とは異なり、反転授業では必ず教室での対面授業が伴うことが前提である。従来のように対面授業中に一斉講義を実施する際にも、必ずしも受講者全員が理解できる完璧な説明ができるとは限らないのと同様に、講義動画をオンラインで提供するからといって、完璧でなければならないということはない。内容的にわかりづらい点や説明不足な点があれば対面授業で追加説明をすればよい。まずは心の障壁を下げて実施することが肝要である。関連して、編集に多大な時間を割かない、という点も重要である。PC のスクリーンキャプチャで事前学習用講義動画を収録する場合、大掛かりな機材が不要なため、専用の防音スタジオなどがなくても気軽に収録できることも利点となる。著者は基本的に自室で収録を行っているが、ドアに "Don't disturb" と掲示して収録をしていても学生がドアを開けてしまったり、防災無線が流れたり、電話がなったり、と実にさまざまな障害が発生する。もちろん、早朝、深夜、休日に収録を行うようにすることで問題はかなり緩和されるが、それでも舌のもつれや言い淀みなどは常に起こり得る。その

---

[3]〈http://screencast-o-matic.com/〉（最終閲覧日：2016 年 12 月 28 日）〉。

ような場合は，あわてずさわがず，収録を一時停止し，収録の障害が取り除かれた後に，問題のあったスライドの冒頭から収録を再開する。障害発生時に収録された部分は，全てを収録し終えてサーバにアップロードする前に，不要な部分だけを切り捨てればよい。先に紹介した Screencast-O-Matic の有料サービスに含まれる編集機能なら，この程度の編集は数分で行え，ほとんど負担にならない。時間をかけて編集すれば完璧な動画にできるとしても，その時間を対面授業のデザインや教材の作成に使った方が，時間が有効活用できる。

　もう一つの注意点は，一本の動画の尺をあまり長くしない，ということである。人の集中力はせいぜい 15 分程度しか持続しないといわれており，これに合わせて動画も 15 分以内に収めることが望ましいとされている。講演等でこのような話をすると，「従来 90 分で行っていた講義を 15 分で収められるわけがない」と言われるが，そうではない。通常の一斉講義では，言い方を変えて繰り返し説明したり，関連する話題をコラム的に話したり，学生の気分を変えるために雑談を交えたり，とかなり冗長があるのが普通であろう。よって，(1) 内容ごとに小分けにした動画を作成し，必要なら複数提供する，(2) 事前学習用講義動画で学生に伝えるのは要点に限定し，必要なら対面授業中に補足説明を行えばよいと割り切る，ことで事前学習用講義動画はできるだけ短く抑えるようにしている。結果として，著者の場合，授業一回あたりの動画の総時間は 30–45 分程度となっている。

5　山梨大学における反転授業の効果の一例

　次に，山梨大学の理系科目における反転授業導入の効果の一例を，著者の担当科目「情報通信 I」の成績データを交えてご紹介しよう。当該科目は工学部電気電子工学科の 3 年次必修科目で，フーリエ級数やフーリエ変換，線形システム，無歪伝送など，通信理論の極初歩的な内容を取り扱っている[4]。履修者数は平成 25 年度までは再履修者を含んで約 60 名だったが，平成 24 年度の学科改組の関係で平成 26 年度以降は約 80 名となった。

　当該科目では対面授業の 4 日前までに 15–30 分の事前学習用講義動画（時に複数）のアドレスを学内オンライン掲示板を通じて提供し，事前に講義ノートを作成した

---

[4]　〈http://syllabus.yamanashi.ac.jp/2015/syllabus.php?jikanno=262056（最終閲覧日：2016 年 12 月 28 日）〉。

表 6-1 「情報通信 I」における対面授業の時間配分の例

対面授業中の活動	時間配分
教室入口でワークシートを配布＆出欠確認	5 分
事前学習動画の内容の振り返り （ポイントと疑問点をワークシートに記入＆スマホアプリで共有）	10 分
集まった不明点全てに対して質疑応答を繰り返す	10–20 分
＊内容理解を助けるための演習問題に個人で取り組む	3–5 分／問
小グループで小型ホワイトボードを使って意見交換	7–10 分／問
解答例を共有（＊に戻る）	3–5 分／問
（時間が許せば）対面授業の振り返り	

上で対面授業に出席するように指示している。前節で述べたように動画はできるだけ一本あたり15分以内に収めるようしているが，反転授業導入当初に作成した動画の中には長いものも残っており，年ごとに少しずつ入れ替えて分割・短尺化を行っている。なお，この科目は講義科目と演習科目が連続して配置してあり，180分連続して同一内容の学習に取り組めるようになっている。

この授業における対面授業の時間配分の例を表6-1にまとめた。

教室ではまずワークシートを配布し，そこに事前学習用講義動画のポイントと疑問点（いずれもキーワードのみ）を書き出して振り返りを行うことから対面授業を始めている。これらのポイントと疑問点は，代理経験の獲得を狙って，学生の持ち込んだスマートフォンにインストールしたアプリ（PingPong）を用いて共有している。スマートフォンを所有していない学生には，教室備え付けのタブレットを貸し出している。このような疑問点の共有は，「○×がわかっていないのは自分だけではない」という安心を学生に与え，他の学生の面前で質問をすることに対する障壁を下げる効果もある。疑問点の共有に続く質疑応答セッションでは，アプリで疑問点を書き込んだ学生に，「○×と書かれているけれど，わからない点を具体的に説明して下さい」とマイクを渡す。こうすることで，挙手して質問するように求めた場合にはほとんど無反応の学生たちが，自分のわからない点をわかろうとするようになり，この質疑応答セッションは時には30分以上に及ぶこともある。これは，アプリを使用した共有の効果もあるが，事前学習用講義動画を閲覧してから対面授業に臨んでいる効果も大きいと感じている。集まった疑問点を眺めながら，教師側で質問者を指定できることから，質問者が積極的な一部メンバーに限定されてしまわないの

が便利な一方，回数を追うごとに疑問点を挙げない学生が増加する傾向がある。この問題は，記名で書き込みを行うアプリを使用することで，ある程度対処可能だと考えられるが，当初の目的である「……自主的で，インタラクティブな学び」という目標と反することから，著者としては積極的な導入に踏み切れていない。

　ここまでの説明ですでにおわかりと思うが，反転授業という授業形態を成立させるには，「事前学習の徹底」が必要不可欠な前提となる。著者の授業の例では，(1) 事前学習用講義動画を閲覧せずにこの対面授業に出席しても学生ができることはほとんどない，(2) 対面授業中に事前学習用講義動画の内容の再説明はしない，という2点を初回のガイダンスで学生にきちんと伝えることで，事前学習の徹底を図っている。また山梨大学の事例の中では，対面授業中に事前学習用講義動画の内容を再度説明している授業は，ほぼ例外なく学生が事前学習の意義を見失い，反転授業が成立しなくなっている。グラウンドルールを共有した上で，毅然とした態度で授業に臨むことも必要であろう。

　事前学習（＝講義動画閲覧）の徹底を目的として，共同研究先の協力を得て動画閲覧ログを取得したことがある。しかし，動画閲覧ログで知ることができるのは動画閲覧時刻や動画閲覧ページ滞留時間のみで，真剣に閲覧したか否かは閲覧者の視線検出でもしなければ知ることができない。そこで，平成26年度からは事前学習時に作成した講義ノートに基づいて事前学習の程度を簡単にチェックする，という方法を試みている。対面授業開始時刻までに事前学習用講義動画を閲覧していない場合には，学習用端末室などで事前学習をしてから教室に来るよう，学生には伝えている。大雑把なノートしか作成してこない学生も一部いるが，少なくとも何らかの形の事前学習を行ってから対面授業に臨むように仕向ける，という点では，一定の成果が得られている。また，これに関連して，著者の同僚の森澤正之教授（工学部・情報メカトロニクス工学科）がルーブリックと学生間相互評価を組み合わせた場合の大変興味深い報告をしているので，そちらも合わせて参照されたい（森澤他，2015）。

　事前学習用講義動画の振り返り－質疑応答セッション－事前学習ノートのチェックの後は，ワークシート（図6-3参照）に掲載してある演習問題を使って，内容の理解を深める学習を行っている。これは学生による解答と教員の解説を単に繰り返すのではなく，(1) 自力で演習問題に取り組む，(2) 3-5名のグループで小型ホワイトボードを使って意見交換する，(3) グループ間で解答例を共有する（プレゼンテーション），などを含む。これをワークシートに掲載してある問題について繰り返し，最後に時間が許せば対面授業の振り返りを行って終了，というのが対面授業の全体

図6-3　ワークシートの例

的な流れである。これらの学習活動は「認知プロセスの外化」を狙ったものであり，事前学習と質疑応答を経て理解したことを実際に使ってみることで自ら理解度を確認し，他者との意見交換を通じてさらに理解を深める，という効果を期待している。この中で（2）のプロセスは，自主的かつインタラクティブに学び合う，という2番目の原則を実現する重要な要素だが，放置しておくと一部の学生が自分の解答例を延々とホワイトボードに書き出し，他の学生はそれを黙々と書き写すだけ，というミニ講義になりかねない。教員がグループごとの学習状況を把握し，時には役割交代を指示するなどの，適切な介入が必要となる。

図6-4は，山梨大学独自に試験的に導入したアクティブラーニング室における著者の授業風景である。学生は約20グループに分かれており，グループ毎に移動式小型／壁据付どちらかのホワイトボードが割り当てられている。グループワークの実施にあたっては，この小型ホワイトボードをグループごとに提供することで，グループメンバーの意識をホワイトボードに集めやすくなり，意見交換が活発になりやすい傾向がある。

手前左に見られるように，各個人のワークシート上で問題に取り組んでいるグ

図6-4　教室の様子（「情報通信 I」於アクティブラーニング室）

ループがいたり，右端の学生のようにホワイトボード上で問題に取り組んでいたり，中央奥のようにホワイトボード（奥の壁は一面ホワイトボード兼スクリーン）に書き込んだ内容を複数人で眺めながら議論していたり，それぞれ思いおもいのスタイルで学習に取り組んでいることがわかるだろう。

　このようにすると，従来の一斉講義型授業のように学生が受け身ではなくなる一方で，履修者数が多く小グループの数が多い場合には，全グループの活動に目が届きにくくなる。きめ細かい指導のためには，TAやSAの活用が一案となるが，昨今の運営費削減傾向の中では十分な数のTAやSAの雇用は望めない。筒井洋一先生（当時，京都精華大学所属）の「グループワーク概論」という科目では，Creative Teamと名付けた社会人や学生のボランティアチームと一緒に授業を作る，という新しい試みがなされ，成果を上げている。この取組の詳細は筒井ら（2015）に詳しい。理工系の知識伝達型授業において完全に同じ手法を取り入れることは難しいが，すでに単位を習得した上級生の協力を仰ぐなどの応用ができないか，と考えている。いずれにせよ，アクティブラーニング型授業の運営方法には改善の余地が多い。

　上記の方法によってペーパーテストの成績がどのように変化したか，その一例を示そう。この取組の本来の目的である「……自主的で，インタラクティブな学び」が達成できているか否か，その効果を測定するのにはペーパーテストは向いていない。それでも反転授業＋アクティブラーニング型授業が理工系の授業にどのような影響を与えたか，を端的に示すにはわかりやすい指標の一つであろう。

　表6-2は，反転授業（FC）導入前後の中間試験成績を比較した幹葉表示である。中間試験の対象範囲と難易度は，両年とも全く同じである。中央の得点列はヒス

表6-2 「情報通信I」中間試験における顕著な成績の変化

2012（平成24）年度（一斉講義）	得　点	2013（平成25）年度（反転授業）
	0–9	
5	10–19	
	20–29	7
887	30–39	699
5432111	40–49	
9988755543210	50–59	1349
987766543210	60–69	458
96444310	70–79	111669
8765422100	80–89	012244667778
30	90–99	0011224456777888999
	100	00
N = 56，平均値 63，中央値 63.5		N = 50，平均値 80.4，中央値 86.5

トグラムの階級に相当し，左右の列は素点の1の位を表している。例えば，左の列の得点10-19には5という数字が1つだけ書かれているが，これは15点の学生が1名いたことを表す。同様に，右の列の得点20-29にある7は27点の学生が1名いた事を表す。このように，素点もわかるし，数列の長さだけをマクロに見ればヒストグラムとして見ることができるのが幹葉表示である。

左の2012（平成24）年度（反転授業導入前）の成績分布が50-60点代をピークとする正規分布様となっているのに比べ，右の2013（平成25）年度（反転授業導入後）の成績分布は平均値・中央値共に大幅に上昇し，この授業が完全習得学習型学習に近づいたことを示している。この科目において同じ授業形態を3年続けたところ，年ごとに多少の違いはありつつも同様の傾向が持続している。また，開講学科・授業担当者・受講者学年・受講者のいずれも異なる複数の反転授業導入科目でも，おおむね同様の傾向がみられている。いまだデータが少なく完全に一般化することはできないが，事前学習用講義動画の利用と対面授業中のアクティブラーニングによって，総学習時間が増加したことが大きな要因だと考えている。他の科目の例についても，本学客員教授の田丸恵理子氏が本書「実践編」で紹介することになっているので，そちらを参照されたい。

この取組を始めてから3年が経過した。最後に，この授業「情報通信I」の総括評

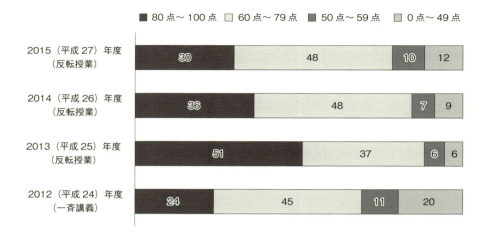

図6-5　4年間の総括評価結果の変遷

　価の結果の変遷を示してこの節を締めよう。図6-5は，一斉講義型授業だった2012（平成24）年度から反転授業を行った2013（平成25年）～2015（平成27）年の4年間の総括評価の結果について，(1) 80点以上，(2) 60点以上80点未満，(3) 50点以上60点未満，(4) 50点未満，の四つのグループに分けて，その割合を積み上げ横棒グラフとして表したものである（図中の数字の単位は%）。ここで総括評価は，中間・期末の2回のペーパーテストの平均値に発表（主として自身の解答例の解説）回数などによって加点した上で，100点満点に換算した。この図からも，反転授業導入の最初の年である2013年は，80点以上の高得点者が倍増し，50点未満の低得点者が激減していることがわかる。それ以降の年は2013年度程ではないにしても，2012年度に比して，よい成績を保ち続けていることがわかる。一方，反転授業導入後の経過を詳細に眺めると，80点以上の高得点者，60点以上の合格者は2014年，2015年と連続して減少し，50点未満の低得点者もジリジリと増加しているようにみえる。これは，反転授業とアクティブラーニングという授業形態によるものではなく，別に理由がある。

　2013年度の中間試験において，大幅な点数の向上がみられたことは先に述べた。これに強い手応えを感じた著者は，前年度に比して授業範囲を拡大してしまった。具体的には，2012度までは式や図で表現可能な「確定信号」しか取り扱わず，期末

表 6-3 「情報通信 I」期末試験成績分布の比較

2012（平成 24）年度（一斉講義）	得　点	2013（平成 25）年度（反転授業 +AL）
42	0-9	
86	10-19	
40	20-29	5
320	30-39	15
8820	40-49	0399
72210	50-59	45568
8622221	60-69	0334667778
8722	70-79	002578889
8777772222000	80-89	001688
642200	90-99	02344557789
0000000	100	00
N = 55, 平均値 67.4, 中央値 77		N = 50, 平均値 72.5, 中央値 73.5

試験ではそのエネルギースペクトル密度の算出と結果の図示，その特徴の説明を求めていた．これに対し，2013 年度からは実際の通信信号を模擬したランダムな「不確定信号」の取り扱い方法の基礎を加え，期末試験でもその電力スペクトル密度の算出と結果の図示を求めた．簡単にいえば，より抽象的な内容を取り扱うようになり，難易度がかなり増した，ということになる．

これらの期末試験の成績分布の比較を表 6-3 に示す．80 点以上の高得点者の割合は 2012 年度の 47％から 2013 年度には 38％に減少しているものの，同時に 50 点未満の低得点者の割合は 24％から 14％に改善している．このように，取り扱う内容を増やして難易度を上げたにもかかわらず，全体の傾向としては大崩れにならなかったこと自体が，反転授業とアクティブラーニングの効果であろう．

これと同じ様な難易度の向上を，2014, 15 年度にも継続的に行っている．2014 年度の中間試験では信号の直交性や正規化自己相関関数，期末試験では畳み込み積分とその信号帯域幅への影響，2015 年度の中間試験ではフーリエ変換の双対性を用いた sinc 関数（sinc (x) = sin $(x)/x$）のフーリエ変換，期末試験では再び不確定信号を取り扱う問，など，従来では扱いきれなかった内容を次々と授業で取り扱い，これについて尋ねる問いを定期試験に含めた．このようにして 2012 年度に比べると，全体的には高度な内容を取り扱うようになった結果として，総括評価の点数の減少

が起きた，と考えている。これは 2013 年度以降学生の理解度が低下しているということではなく，むしろその逆に，より広く深い理解に向かい始めているといえる。このように，成績の向上だけでなく授業内容の高度化も進められる可能性があるということは，反転授業とアクティブラーニングの導入によって授業改善を進める大きな動機づけの一つになるのではないだろうか。

6 反転授業の限界

これまで述べてきたように，大学の理工系科目においても，反転授業を導入することで対面授業にアクティブラーニングを取り入れることを可能にし，教室を，情報を受け取るだけの場から理解を深めるための学びの場へと転換できる。しかし，反転授業とアクティブラーニングの組み合わせは，大学の教室の諸問題を全て解決できる万能薬ではない。

これまでの山梨大学における取り組みでみえてきた問題は主に以下の 2 点である。

> 1. 落伍者は従来の一斉講義型よりも大幅に減少するが，皆無にはならない
> 2. 効果は個々の学生の授業外学習時間に大きく依存する

前節で示した成績データの 60 点未満の学生数を比較すると，反転授業導入前は 24 名だったのに対して反転授業導入後は 8 名と大幅に減少しているものの，皆無にはなっていない。この 8 名の学生には，共通して基礎学力（三角関数や微積分の演算）の著しい不足がみられた。事前に三角関数に関する小テストを実施したところ，4 割ほど（約 20 名）の学生が半分以下の正答率しか得られなかった。対面授業中のアクティブラーニング活動では三角関数や微分積分の演算を多用するため，これらが実行できなければお手上げになる。8 名の学生以外は中間試験でそれなりの得点を得ており，自らの弱点を認識して学び直したとみられる。これらの学生に対してはこの授業形態が奏効したといえる一方，弱点を放置した 8 名の学生には，反転授業もアクティブラーニングも全く効果を発揮しなかったことになる。反転授業とアクティブラーニングの組み合わせはかなり強力な教授法であるものの，「学ぶ意志のない学生には効果を発揮しない」と指摘せざるをえない。なお，この 8 名の学生の内一名は，その後さらに二度，全く同じ理由で不合格となっている。このような学生に対しては，個別の手厚い修学指導こそが必要であろう。

上述したように反転授業では対面授業前の事前学習が欠かせず、この事前学習の量と質によって、対面授業中のアクティブラーニングの効果は大きく左右される。今後反転授業を取り入れる科目が増えて、学生たちに要求される授業外学習時間が膨大になった場合には、事前学習の量と質が低下し、結果として反転授業の効果が低減する可能性もある。

このように、反転授業やアクティブラーニングは決して万能薬ではない。期待する効果を明確にし、カリキュラム全体を見渡した上で、計画的に配置することが望ましい。例えば、語学科目、基礎科目や必修科目など、後の学習に大きな影響を与える科目に限定して取り入れて完全習得型学習を目指す、という方策が一例として考えられる。いずれにせよ、どのような教授法も、その限界を見極めた上で、適切に活用することが肝要であろう。

7 おわりに

著者らの山梨大学における反転授業とアクティブラーニングへの取り組みに基づく「経験知」をご紹介した。実際の授業のやり方はさまざま考えられることから、ご紹介した例に縛られる必要はなく、個々人の創意工夫でやりやすい方法で取り組めばよい。反転授業における事前学習用講義動画の閲覧が学習における「入力」のプロセスとすれば、対面授業におけるアクティブラーニングの実施は「出力」に対応するプロセスである。従来の「一斉講義型」授業が基本的に「入力」しか行っていないことと比べれば、「出力」を授業内に明示的に組み込むことで、「一方向な知識伝達型講義を聴くという（受動的）学修を乗り越える」一歩を踏み出せた、と考えている。

溝上慎一先生が指摘されている通り、理解を深めるために大切なことは「認知プロセスの外化」であり、それさえ可能であれば必ずしも反転授業である必要はない。一方、「認知プロセスの外化」を目的とするならば、反転授業ではなくとも、対面授業におけるアクティブラーニングを避けて通ることはできないように思える。理工系科目における「一定量の知識伝達が必要」という制約下で「認知プロセスの外化」まで授業内で行おうとするならば、多くの学生と教員が一堂に会する貴重な対面授業の時間に、動画でもできる知識伝達を対面授業で行っている余裕はないのではないか。動画ネット配信のようなテクノロジの利用は手段であって目的ではないが、テクノロジを最大限活用し、教室では対面でしかできないより本質的な学修環

境を提供し，教育の実効を上げることがこれからの大学に求められていると感じる。

　蛇足になるが，教授法の研究と一般的な大学教員によって用いられている教授法の乖離，について懸念を記して本章を終わりたい。著者が関わっているような工学分野では，新しい技術の研究とそれを用いた製品の開発はおおむね分業されている。例えば企業では社会のニーズに基づいて新しい技術の研究を行う。研究フェーズで有効性が確認された新技術は，研究者から開発者へ技術移転され，実用化のための製品開発が行われた上で世の中に提供される。

　翻って教授法に目を向けると，教育学や教育工学の研究者によって得られた新しい教授法等の知見は，学びを大きく変えるインパクトを有しているものがあっても，現場の大学教員にはほとんど伝わらない。これは，教授法の研究の実用化プロセスが明確化されていない，ということと，ほとんどの大学教員が教授法については素人で無関心であること，という二つの問題に起因しているようにみえる。

　大学の教室はある部分では実験室であってよいと筆者は考える。研究段階で有効性が確認された教授法はFD活動などを通じてどんどん学内外に紹介し，広く実用化開発と実証実験を行ってはいかがだろうか。今後も旧態依然として一斉講義型授業だけが行われているような大学に未来はない。学生に学びを求める前に，まず我々教師が学ばなければならない。

【引用・参考文献】

稲垣　忠・鈴木克明［編著］（2012）．『授業設計マニュアル』北大路書房

ガニェ, R. M.・ウェイジャー, W. W.・ゴラス, K. C.・ケラー, J. M.／鈴木克明・岩崎信［監訳］（2007）．『インストラクショナルデザインの原理』北大路書房

河合塾［編著］（2011）．『アクティブラーニングでなぜ学生が成長するのか─経済系・工学系の全国大学調査から見えてきたこと』東信堂

筒井洋一・山本以和子・大木誠一（2015）．『CT（授業協力者）と共に創る劇場型授業─新たな協働空間は学生をどう変えるのか』東信堂

溝上慎一（2014）．『アクティブラーニングと教授学習パラダイムの転換』東信堂

森澤正之・塙　雅典・日永龍彦・田丸恵理子（2015）．「反転授業における事前学習ノートの学生間相互評価の効果」『日本教育工学会第31回全国大会講演論文集』, 329-330.

山内祐平・大浦弘樹（2014）．「序文」バーグマン, J.・サムズ, A.／山内祐平・大浦弘樹［監修］上原裕美子［訳］『反転授業─基本を宿題で学んでから，授業で応用力を身につける』オデッセイコミュニケーションズ

Slosson, E. E. (1910). *Great American Universities*. Macmillan: New York.

07 「ヒューマン・コンピュータ・インタラクション」における反転授業

Moodle ログデータからの学習活動の分析

平川正人

1 はじめに

　学ぶということは，個人の生活を安全かつ豊かにすることはもちろん，人間が存続していくための知識を過去から引き継ぎ，それに新たな知見を加えて未来に伝えていくことを意味する。学ぶこと，そしてそれを支えるための教育という行為は，人間という種の存続にあたって極めて重要である。人類の長い歴史の中にあって，長らくは書物が学びを支えてきたが，今日ではコンピュータが書籍に取って代わろうとしている。ICT（情報通信技術）という新たな道具を手にして，我々は教育をどのように深化させていくのかが問われている。

　反転授業においてICTが果たす役割を整理するとき，アニメーションや動画という動的なコンテンツを学習環境に取り込むことができるようになったという点がまず挙げられる。いわゆるディジタル教科書や電子黒板（インタラクティブ・ホワイトボード）という捉え方である。佐賀県武雄市の小学校では，2014年から本格的に反転授業の取り組みが始まった。教室での学びに先立ち，子供たちは授業の動画ビデオを自宅でタブレット端末を使って視聴する。紙媒体の教科書と違って動きを伴った情報提示は生徒の関心を引きつけることはもちろん，理解を助ける上でも強力な武器である。

　一方，通信という技術を活用することで，生活空間上の物理的距離を意識の上ではゼロにすることが可能になる。加えて，コンピュータ上での情報の記録という機能を用いれば，時間的なギャップを埋めることもできる。両者が同一の時間に顔を突き合わせる必要性は弱められている。いずれにしても異なる時空間上の人間同士が意思の疎通をすることが，ICTによって初めて可能になった。自宅にいる学生からの質問に

大学にいながら教員が答えるということは，おちゃのこさいさいの時代にある。同じ授業科目を学ぶ学生同士で連絡を取り合い，共同して取り組むこともできる。

　授業実施スタイルの自由度が高まり，かつ豊富な情報伝達が達成されるようになったことは，ICTが教育環境においてもたらした大きな恵みであることは間違いない。しかし，これまでのところで注目されてきたのは，陽に見聞きできる表象的な情報のみといっても過言ではない。今後は，学習者の行動の陰に隠れている情報にも目を向けることが重要である。それは授業の質を根本から変える大きな力を秘めている。

　例を挙げて，そのような捉え方の意義について少し考えてみよう。人間が日常生活をおくる上でとても大事なコミュニケーションにおいて，送り手が受け手に向けて発するメッセージは，送り手が意識にある大量の情報を処理・処分した結果として，相手にも見聞きできる形に表象化されたものである。その途中過程で削り落とされた情報はかなりの量にのぼっているはずであるが，決して受け手には届かない。メッセージを正しく受け渡すには無視できない存在にもかかわらず，である。表出されるメッセージから除外された情報を，ノーレットランダーシュは外情報と呼んだ（ノーレットランダーシュ，2002）。直接的には知り得ない外情報を補完し，送り手の意図を（生活していく上では支障のない程度までは）正しく解釈することができるのは，送り手と受け手の両者が共有するコンテクストの存在ゆえである。したがってコンテクスト情報をコンピュータが取得できれば，人間とのコミュニケーションの質は格段に高まることが期待できる。

　一方，コミュニケーションにおいては，口から発せられる言葉としての言語が主要な意味伝達の役割を果たすが，言葉によらない付加的な表現手段も存在する。前者はバーバル（verbal）コミュニケーション，後者はノンバーバル（non-verbal）コミュニケーションと呼ばれている。「目は口ほどにものをいう」ということわざがあるように，瞳や視線の動きは感情の機微を伝える強力な要素である。ノンバーバルコミュニケーションには，他にも声のトーンやテンポ，身体動作（ジェスチャ），対人距離などが含まれる。それらの表現手段抜きでは，相手との自然なコミュニケーションを行うことが難しいということは言を俟たない。

　ICTを用いた反転授業について話題を戻そう。古くはインターネット上のサーバに教材を保管することで，配布コストの削減や迅速な情報更新を実現するという機能が実現された。しかしながら学習という知的作業を考えると，より高度な支援が求められる。そのような要請を踏まえて誕生したのがLMS（Learning Management System：学習管理システム）と呼ばれるソフトウェアである。教材の

オンライン提供はもちろん，小テストの実施，伝言板を使ってのグループ学習支援の他，成績の管理や学習者の進捗状況も行うことができる。代表的な LMS には Moodle, Blackboard, Sakai などがある。

学習者は好きな時間に必要な活動（例えば授業資料の視聴）をすることができる。コンピュータ上には，学習者によるシステムへのアクセスの履歴が記録されるようになっている。そのような活動履歴のデータがログと呼ばれるもので，ある活動と活動の順序関係や時間間隔など，コンテクストやノンバーバル情報にもつながるような貴重な情報がそこには潜んでいる。それゆえログデータを活用すれば，これまでは成し得なかったきめ細やかな教育が達成できる可能性がある。

膨大かつ多種多様で，更には時々刻々とダイナミックに変化するデータの中から，意味のある特徴を見出す行為はビッグデータとも呼ばれる。LMS に蓄積されるデータから教育活動を支援しようとする試みは，まさにビッグデータのひとつの中核的な応用といえる。

以降では，ログデータから実際にどのようなことが読み取れるのかといったことを，筆者が担当した授業を一例に紹介する。

2 Moodle とログデータ

ログデータの具体的な活用について述べる前に，ログデータとはいったいどのようなものか説明しておこう。ここでは Moodle を例に挙げる。

Moodle はオープンソースの LMS であり，ソフトウェアを利用することはもちろんのこと，改変することも自由である。そのためコミュニティの規模が大きく，開発者と利用者が一緒になって更に使いやすいシステムへと成長が続けられている。利用者数は 2010 年時点で 100 万人以上と報告されており，対応言語は 100 以上にものぼる。モバイル機器に対応した HTML5 Moodle Mobile アプリが 2013 年に公開され，現在は Android および iOS のいずれのスマートフォンやタブレットからも利用できるようになっている。

学習者は Moodle 上に提供されている資料（pdf や映像コンテンツ）の視聴，課題や小テストへの取り組み，フォーラムを使っての情報交換などの活動を通して，受講するコースの習得を目指す。取得されたログの一例を表 7-1 に示す。コース名，時刻，操作，情報の項目からなる活動履歴が収められている。実際には，これらの項目の他に利用者の ID（ユーザフルネーム）とアクセス端末（IP アドレス）の情報が記

表7-1 ログデータの例

Course	Time	Action	Information
HCI	2014 October 14 17:25	course view	ヒューマン・コンピュータ・インタラクション
HCI	2014 October 14 17:26	resource view	ビデオ資料（Topic 2 Content）
HCI	2014 October 14 17:26	resource view	pdf 資料（Topic 2 Content）
HCI	2014 October 14 17:27	course view	ヒューマン・コンピュータ・インタラクション
HCI	2014 October 14 17:27	quiz view	要旨3（Topic 3 Exercise）
HCI	2014 October 14 17:27	resource view	ビデオ教材（Topic 3 Content）
HCI	2014 October 14 18:12	resource view	pdf 資料（Topic 3 Content）
HCI	2014 October 14 18:12	quiz attempt	要旨3（Topic 3 Exercise）
HCI	2014 October 14 18:12	quiz continue attempt	要旨3（Topic 3 Exercise）
HCI	2014 October 14 19:46	quiz view summary	52
HCI	2014 October 14 19:47	quiz close attempt	要旨3（Topic 3 Exercise）

録されるが，ここでは省いている．

表7-1のログデータは次のように読むことができる．1行目の記録から，学習者がコース名「HCI」の閲覧を始めたのは2014年10月14日17時25分であり，2行目の記録から同日の17時26分に第二週目のビデオ資料（Topic 2 Content）が視聴されたことがわかる．また8行目の記録は，第3週目の講義用に用意された小テストへの回答が同じく10月14日の18時12分に開始されたことを示している．残念なことに，授業資料の視聴終了時刻はMoodleでは取得できない．

なお次節で改めて詳しく紹介するように，筆者の開講した授業では授業の前週に講義資料と小テストを公開するようにした．しかし第二回目の資料については準備の都合で公開が遅れたことから，2週分の資料閲覧が同日中に行われていることがあることを補足しておきたい．

3 対象授業の概要

筆者が2014年度後期に開講した「ヒューマン・コンピュータ・インタラクション」という授業を反転授業の効果検討材料に据える．同授業は総合理工学部数理・

情報システム学科の専門科目（選択）として開講されているもので，2年次学生を主な対象としている。同年度の履修登録者数は 56 名であった。

　ヒューマン・コンピュータ・インタラクションについて，まず少し説明しておきたい。コンピュータは今日の我々の生活には切っても切れない存在であり，さまざまな用途に用いられている。しかし最も期待される役割はコミュニケーションの支援といってよい。コミュニケーションの目的は人間と人間の意思の疎通を図ることであるが，人間がまず向き合うのはコンピュータである。そのため人間はコンピュータと情報交換する必要がある。システム操作環境が利用者の視点からみて十分に洗練されていなければ，利用者は自分のやりたいことをコンピュータに確実に伝えることができないと嘆くことになる。また，コンピュータからの応答を如何に解釈すればよいのか，頭を悩ませることにもなりかねない。そのようなギャップをできる限りなくして，人間がコンピュータと正しく情報交換できるようにするための研究分野がヒューマン・コンピュータ・インタラクションと呼ばれるものである。

　同授業の達成目標として，具体的には次の4つを掲げた。

1. システムにおける人間の位置付けと人間の特性について説明できる。
2. 現行のヒューマンインタフェース技術について説明できる。
3. GUI に捉われない新たなユーザインタフェースの試みについて説明できる。
4. インタフェースに係る問題点を見つけ，それについて具体的な提案を自ら整理することができる。

　ヒューマンインタフェースあるいはユーザインタフェースとは，コンピュータが人間に向けて提供する情報の表示様式や操作入力方式を指しており，ヒューマン・コンピュータ・インタラクションとほぼ同義である。画面上に表示された視覚的要素（例えばアイコン）を，マウスなどのポインティングデバイスを用いて直接操作する操作環境が GUI（グラフィカルユーザインタフェース）と呼ばれるものである。より詳しい説明は他の文献（平川, 2015）に譲りたい。

　同授業科目がカバーする領域の性質から，先人たちの貴重なアイディアや知見を学ぶことはもちろん重要であるが，学生には身の周りの製品のヒューマンインタフェースに対する自分自身の鋭敏な感覚を培ってほしいという思いを抱いていた。そのため演習を授業の中に組み入れることとした。しかも，単にユーザインタフェースを演習の中で具体的に考え出すだけではなく，むしろ「どうして自分はそのよう

に（あるデザインが秀逸あるいは劣悪と）考えたか」を説明できることが大切であると考えた。自分の理解や考えを自分の言葉で説明し，それに対して相手と議論するような機会を授業に組み入れるには，教員から学生への一方的な授業形式に代わる"何か"が必要であった。反転授業がまさにひとつの突破口になると期待した。

4 反転授業の方法

「ヒューマン・コンピュータ・インタラクション」の授業科目に反転授業を最初に取り入れたのは2013年度である。その年はLMS上の資料を授業に先立って視聴してくるようにと指示はしたが，用意した択一式の小テストはあくまでも自らの理解を確認するための道具と位置づけた。実施してわかったことは，受講態度に濃淡が生じたことである。その反省の上に立ち，2014年度の授業にあたっては，授業資料の要旨をまとめることを小テストの新たな課題とし，その内容を成績評価に加味することにした。これによって授業に先立って授業資料をきちんと視聴してくる（疑問点や不明点を整理する）ように仕向けた。なお，提出された要旨に対してはコメントを付して学生にフィードバックした。

Moodle上に配置した授業資料は，PowerPointで準備したスライドに音声による説明を付与して作成したビデオ映像とスライドをpdf化したものの2種類とした。ビデオ資料の長さは13分36秒から19分38秒までであり，平均で16分20秒であった。

スライドに音声を加えるにあたってはBandicamというソフトウェアを用いた。ネットワーク経由でもストレスなく視聴できるように，解像度やフレームレートを調整してファイルサイズをコンパクトに抑えた。基本的には解像度640 × 480，フレームレート5fpsとした。fpsは1秒間に切り替えられる画像（フレーム）数を表す単位であり，値が大きいほど滑らかな映像として人間の眼にうつる。

デスクトップパソコン用のディスプレイ装置は1920 × 1080程度の解像度（画素数）を有しており，それと比べると小さいが，設定した解像度はパソコンが世に広まった頃の標準的な規格（VGA）と同一である。フレームレートについては，テレビ映像が30fpsであることを考えれば不十分に感じられるかもしれない。しかしながら今回の授業で用いたビデオ資料では，動きのある映像箇所は注目ポイントに手描きで下線を引いたりするようなマーキング程度であるため（図7-1），そのようなパラメータで十分と判断した。用意した各週の映像資料のファイルサイズは最終的

07 「ヒューマン・コンピュータ・インタラクション」における反転授業

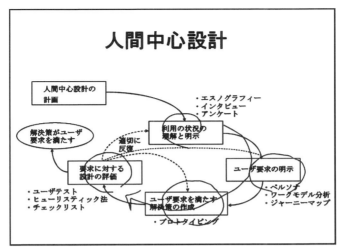

図 7-1 ビデオ資料の一場面

に 22M バイト程度であった。

いくつか補足しておこう。Bandicam はスクリーン上の動画やデスクトップ上の入力操作活動を録画することを目的に設計されているソフトウェアである。そのため Explain Everything のように，スライドごとの映像パーツの差し替えは自由にできない。ビデオ資料の作成時には，スライドの最初から最後まで一息で収録し終える必要があり，神経を使った。もちろん別にビデオ編集ソフトウェアを使って編集すれば対応できるが，スクリーンキャスト（動画キャプチャ）ソフトウェアを選ぶ際には留意すべき点である。

また視聴履歴をログとして取得したかったので，学生が個人のパソコンにダウンロードしてビデオ資料を視聴することをできるかぎり避けるために，当初は Flash ファイル（swf フォーマット）としてビデオ資料を用意した。しかしながら，ビデオの巻き戻しや早送りを自由に行うことができないという不満の声が受講生から寄せられた。そのため途中からは MPEG-4 ファイル（mp4 フォーマット）での提供に切り替えた。

期末試験を除いた 15 週の授業のうち，10 回は基礎編，5 回は実践編という構成をとった。また成績評価は，日常学習（毎週の教材の要約作成）15%，演習 30%（個人＋グループワーク），期末試験 55% とした。

表 7-2　基礎編（事前学習・対面授業・復習）

●事前学習
1. 動画あるいは pdf 資料の視聴
「仮想と現実」というテーマについて，PowerPoint のスライドに音声メッセージを付与した 14 分ほどの長さの動画資料を用意した。閲覧性の良さから PowerPoint ファイルは pdf としても提供した。
2. 資料要旨の提出
視聴した資料の内容を取りまとめた要旨の作成を小テストとして課した。

●対面授業
1. 授業資料の整理
今回取り上げたテーマについて，過去から今日に至る開発動向を改めて整理した。
2. 追加解説
ビデオ映像に組み込まなかった事項を補足的に口頭で説明するとともに，学生の興味・関心を誘因するようなビデオを提示する。
3. 意見の収集
「仮想と現実の区別がつかなくなるような事態に至ったとすれば君はどう考えるか」といったような問いかけを通して，学生に考えさせるきっかけとする。

●復習
1. 資料の再視聴
対面授業での学びや気づき，小テストの内容に対して教員が書き込んだコメントなども併せ，資料の再視聴を通して理解の定着を促す。

　基礎編では，ヒューマン・コンピュータ・インタラクションに係る，情報工学以外の周辺分野の話題も含めた基本的なアイディアや事例を学ぶ機会とした。先にも説明したように，あらかじめ講義資料を視聴し，その内容を取りまとめた要旨を提出するように求めた。制限時間は設けていない。教室では資料中の説明で理解できなかった点を確認し，改めて別の言葉で説明した。学生の理解度や考えを聞き出すような場面も加えた。また，資料では説明しなかった補足的話題や，著作権の関係で LMS 上に提供しなかった映像ビデオの紹介なども行った（表7-2）。講義初回はガイダンス，2週目は要旨提出を見送ったので，上述したような完全な形の授業回数は8回であった。
　一方，実践編では2種類の演習を受講生に課した。個人ベースのものを1回1週で実施し，残り4週はグループワーク形式の実施とした。個人ベースの演習課題は「身の回りにある使いやすい，または使いにくい機器の具体的な例をひとつ挙げ，そのように感じた理由を添えてレポート提出する」とした。キーボードやタッチパッド，リモコンなどといった情報関連機器の事例が多く見られた一方で，コンビニに設置してあるコピー機とか目覚まし時計を取り上げる学生もいた。

グループワークでは，4-5名一組で，スマホ向けのナビゲーションアプリの企画制作を課題とした。より具体的には，「利用者を，希望する地点に案内するナビゲーションアプリを演習のテーマに設定します。自動車を運転するドライバーでも，また利用者として歩行者を想定しても構いません。とにかく「誰かを（物理的な）どこかに」道案内することができれば，その他はグループごとに自由に設定してください」という設定の下，グループごとに自由な発想での取り組みを行ってもらった。最終発表を課し，そこでは次の4点を発表内容に含めることを指示した。

- アプリの名称
- 利用者（ペルソナ：利用者として想定する仮想的な人物像）
- 利用シーンおよびゴール（どういった機能を備えたアプリか）
- 操作画面

取り組みに先立ち，具体的な取り組み手順及びユーザインタフェースデザインのヒントをそれぞれビデオ資料として，予め受講生に提示した。

5 反転授業の効果と課題

15週目の授業時に学生にアンケートを実施した。結果を表7-3にまとめる。質問項目の右側の数値は同項目を選択した学生数とその割合である。

問1の結果をみると，反転授業について「良かった」または「少し良かった」と評価した受講者の割合は合わせて71.2%となり，肯定的であったことがわかった。普通の授業と比べた授業内容の理解程度についても「よく理解できた」「理解できた」との回答が64.2%に上ったことを併せて考慮すると，反転授業の効果が見て取れる。学習者が学びに費やす時間の増加が要因のひとつと考えられているが，今回のアンケートからもそれがうかがえる。実際に問2の回答から，通常形式の授業に比べて78.8%もの学生が学習時間の増加を指摘している。学習時間の絶対値の比較は行うに足りるデータを持ち合わせていないが，今回の授業で課した要旨作成に要した時間への質問項目（問3）をみると，本来の単位制度で求められている学習時間の確保に向けて健全な一歩であるのは確かといえるであろう。

一方，授業資料の視聴状況については，予想を裏切って全員がPCを利用していたことがわかった。これについては受講生がすべて情報系の学生であり，大学で設

表7-3 授業アンケートの結果

問1. 今回行った形式の授業（反転授業）は旧来の形式と比べ，総合的に判断して		
良かった	17	32.7%
少し良かった	20	38.5%
差はない	9	17.3%
少し悪かった	6	11.5%
悪かった	0	0.0%

問2. 普通の授業と比べて，勉強に費やす時間は		
増えた	15	28.8%
少し増えた	26	50.0%
変わらない	9	17.3%
少し減った	2	3.8%
減った	0	0.0%

問3. ビデオ／pdf資料の要約を書き上げるために，毎回，平均でどれくらいの時間がかかりましたか		
30分未満	9	17.3%
30分から1時間	33	63.5%
1時間から1.5時間	8	15.4%
1.5時間以上	2	3.8%

問4. 普通の授業と比べて，授業の内容は		
よく理解できた	5	9.4%
理解できた	29	54.7%
変わらない	17	32.1%
理解が難しかった	1	1.9%
ほとんど理解できなかった	1	1.9%

問5. ビデオ資料について		
• 視聴した主な場所は		
大学（実習室）	26	49.1%
大学（講義室）	1	1.9%
自宅／下宿	26	49.1%
その他	0	0.0%
• 視聴に利用した機器は		
PC	51	100.0%
スマートフォン	0	0.0%
タブレット	0	0.0%
見れなかった	0	0.0%
• 時間は		
短い	1	2.0%
適当	44	86.3%
長い	6	11.8%
• 内容について		
易しい	4	7.7%
適当	43	82.7%
難しい	5	9.6%
• 画質について		
良い	37	75.5%
悪い	12	24.5%
• 音質について		
良い	32	66.7%
悪い	16	33.3%

問6. 対面授業について		
• 内容は		
興味がわいた	13	25.0%
少し興味がわいた	35	67.3%
少し面白くない	4	7.7%
面白くない	0	0.0%
• ビデオ資料との関係性は		
強かった	26	50.0%
普通	26	50.0%
薄かった	0	0.0%
• グループ演習は		
よかった	12	23.1%
少しよかった	32	61.5%
少し悪かった	7	13.5%
悪かった	1	1.9%

置している PC ルームが日常の生活区域に入っているという特殊要因があるに違いない。したがって，この結果をもって一般的な傾向を推し量ることは避けられるべきであろう。ビデオ映像の品質については改善すべきであることが明らかになった。通信パフォーマンスは時代とともに改善されていくため，受講者の利用する情報機器の性能も加味したうえで，最適な映像品質を選択するためのガイドラインの提供が今後は求められるかもしれない。

先に紹介したように，教室ではオンライン資料で不明瞭だった点，補足的話題，追加のビデオ映像の提供などを行った。学生の質問や意見を引き出すように努めたが，想定するレベルまでには未だ距離がある。この点を今後埋めていきたい。

6 ログデータに基づく分析

LMS を利用しているという事実を最大限利用するべく，システムに記録されたログデータから学習者の学習成果の分析を試みた。対象は，LMS 上でビデオまたは pdf 資料を視聴し，その要旨を LMS 上に提出することを課した 8 回すべてに対応した学生 40 名（登録者 56 名）とした。

対面授業の前に視聴し，要旨を提出することで自身の学習意欲を上進させることを期待したので，その期待への対応の有無が学習成績に結びつくか調べることにした。そこで 8 回いずれも当該週の授業前に課題をこなした学生のグループ（事前学習グループ：18 名）と課題への対応が 1 度でも対面授業の後になった学生のグループ（遅延ありグループ：22 名）に分けた。それぞれのグループの学生の期末試験点数（55 点満点）の平均を算出したところ，事前学習グループは 43.5 点，遅延ありグループでは 36.8 点であった。この差が統計的に有意かを確かめるために，有意水準 5% で両側検定の t 検定を行った。$t(38) = 2.62$, $p = .012$ となり，有意差が認められた。

また，事前学習グループにおいて，resource view 総数（縦軸）と期末試験点数（横軸）との関係をグラフ化したものを図 7-2 に示す。回帰直線を求めたところ，決定係数 R^2 の値は 0.23 に留まっているが，更なるチューニングによっては興味ある知見に至ることも期待される。

次に成績上位ならびに下位 5 位までの学生を対象に以下のようなデータ分析を行った。なお，下位グループについては 5 位で同点の学生が 4 名おり，そのうちの 1 名については欠格値があり分析から外したため，結果として下位グループの学生数は 7 名であった。

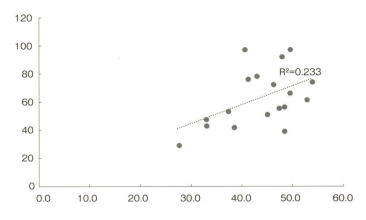

図7-2 事前学習グループのresource view回数と期末試験点数との関係

> quiz attempt以前のresource view回数の総数に対し，quiz attempt実行の12時間以内になされたresource view回数の割合を，要旨回答を求めた8回（週）それぞれに導出し，その分散を求める。

学習姿勢が定まっているかどうか，言い換えればその都度，場当たり的に授業の学習をするのではなく，規則正しく視聴・要旨回答ができていることが成績に関係しているのではないかという仮定である。成績上位グループと下位グループの学生で差異があるかt検定したところ，$p = .0077$ となり，違いがあることがわかった。なお，上位グループの分散値の平均は0.015，下位グループの平均は0.11であった。

7 更なる頂を目指して

学習は，学習者の学習スタイルに教授方法が合致したときに促進されるといわれている。したがって学習スタイルを判別することができれば，学習の効果を格段に向上させることができる可能性がある。反転授業からは少し離れるが，LMSの振る舞いを学習スタイルに見合うように適応させる機能の構築を目指し取り組んでいる筆者らの研究を，最後に紹介しておきたい（Pitigala Liyanage et al., 2014）。学習スタイルの捉え方にはいくつかあるが，我々はフェルダーとシルヴァーマンが提唱し

たモデルを採用している。それでは学習スタイルは活動的－内省的，感覚的－直観的，視覚的－言語的，順序的－全体的という4つの因子によって表現されるとされており，これを利用者のログから自動判定する。

この機能実現のために，通常のMoodleシステムに新たに3つの処理モジュールLLA, ERA, AIAを追加している。LLAは①44項目からなる質問票への回答を踏まえて学習者の学習スタイルを判定する，②LMSの上で行われる活動履歴に基づいて学習スタイルを推定する，③学習者の学習スタイルを可視化する，という機能を実現する。ERAは学習スタイル推定のための判定基準のチューニングを支援するモジュールである。最後のAIAは，推定された学習スタイルを踏まえ，提示するコンテンツを適合化するためのモジュールである。

Moodleログデータを参照し，ルールベース方式を用いてシステムで学習スタイルを推定した結果を，フェルダーらの学習スタイル質問票（Index of Learning Styles：ILS）による評価結果と比較を行った。スリランカの教育機関で行った2ケースについての実験結果によれば，システムによる判定率は63.6%から77.5%であった。

上記の試みも含め，貴重なデータを前にして，それを解析することができなければ宝の持ち腐れである。幸いなことに，強力な武器が身近になってきている。プログラミングに長けた読者であれば，R（やその統合開発環境RStudio）を使って取り組む手もあるが，一般にはWekaの方がとっつきやすいに違いない。これはオープンソースのデータマイニングツールであり，決定木，ベイジアンネットワーク，サポートベクターマシンなどといった多彩な機械学習アルゴリズムが用意されている。プログラムからWekaを呼び出して使うこともできるが，簡単なマウス操作で使えるようにGUIインタフェースが提供されている。

図7-3はWekaの画面スナップショットである。図7-3（a）に示すものがExplorerと呼ばれる最も代表的な操作インタフェースである。データにはarffと呼ばれるWeka独自のデータ形式のほか，csv形式のものを読み込むこともできる。但し，csv形式の場合には取り扱うことができるデータ数に制限がある。いずれにしてもデータは2次元表のような構造をとる（図7-3（b））。Wekaに用意されているサンプルデータで決定木を作成した後，それを可視化したものが図7-3（c）の画像である。データ属性の因果関係を求めることも，同様にメニューから選んでいくだけで簡単に実現できる（図7-3（d））。ノード（属性）を結ぶ矢印が因果関係を示している。

Excel上で統計処理が簡単に行えるのと同じように，Wekaを用いればデータマイニングの理論を習熟していなくても解析を進めることができる。

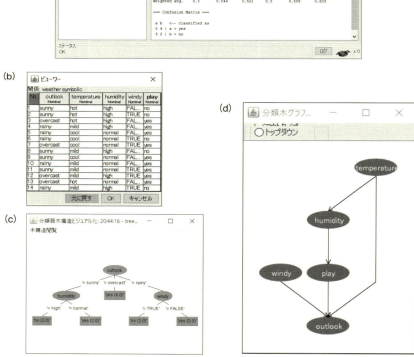

図 7-3　データマイニングツール Weka

8 おわりに

　LMSを用いた反転授業の効果をログデータから考察する試みについて述べた。反転授業そのものも緒に就いたばかりであり，本章で述べた試みも一例に過ぎない。しかしながらログデータを詳細に観察することで，これまでとは質的に異なるアイディアの出現可能性があることは示すことができたのではないかと思う。

　身の回りのあらゆるモノがインターネット経由でつながれようとしている。そこから取得されるデータを相互に結びつけることで，これまでは見えなかったまったく新しい知見を手に入れることも可能になる。ビッグデータと発想は類似しているが，そのような試みは「モノのインターネット（Internet of Things）」と呼ばれる。LMS上のログデータだけではなく，例えば学習者が携行するIDタグなどを使えば，教室内あるいは外での仲間との接触（コミュニケーション）の具合や程度を知り得る状況にある。そのようなデータをLMS上のログデータと組み合わせることも夢物語ではない。

　技術進歩に伴って，学習者の取り組みと結果との関係は次第により深いレベルまで解き明かされていくに違いない。このことは望ましい形に学習者の行動を導くという教育の本質への探究が，今まで以上に強く求められることにもなろう。反転授業をきっかけに，さまざまな専門分野の研究者・実務者が一致団結することを願うものである。

【引用・参考文献】
ノーレットランダーシュ, T.／柴田裕之［訳］(2002).『ユーザーイリュージョン―意識という幻想』紀伊国屋書店
平川正人 (2015).『コンピュータと表現―人間とコンピュータの接点』数理工学社
Pitigala Liyanage M. P., Gunawardena K. S. L., & Hirakawa M. (2014). Using learning styles to enhance learning management systems. *International Journal on Advances in ICT for Emerging Regions*, **7**(2), 1–10.

08 理系における反転授業

知識の修得と応用展開能力養成の試み

古澤修一

1 はじめに

　近年，学生の主体的学びと授業外学習時間の確保，および教育の質の保証が求められている。今までの多くの大学講義では，教員は一方向的に学生に講義を行い，学生は現状の知識をただ受動的にノートに取り，教員はその知識の習得率を評価しているものが多かった。知識は重要であるが，新しい知見を作り出していく場としての大学における教育で，学生に身につけてもらうべき能力は，目的を理解して知識を習得し，それらを応用展開させる能力である（石井，2002）。「学び」にはインプットとアウトプットがあるといわれており（ヤング・ウィルソン，2013：前書き），学習の成果は学習のアウトプットを評価しなければならない。教員の役割は，身につけるべき知識を説明し，学生がそれらの知識を結びつけて応用展開することを促すことにある。そしてなによりも重要な事は，学生にその学問の楽しさを伝え，学生自身でその先を学んでみようとする興味をもたせることである。現在の大学は，第一線の研究者が学習者に寄り添う導き手となり，常に変動し予測不能な人類社会の課題をグローバルな視点で協働して課題発見・解決することのできる人材を育成する場である[1]。これは，研究者養成の立場であっても同じである。

　予測不能な現代社会に身を置く大学人として，変わりつつある社会環境を無視して，今までのような教育方法を実施していくわけにはいかない。それゆえ，上述し

---

1) 広島大学スーパーグローバル大学創成支援事業構想概要〈http://s-ja.hiroshima-u.jp/upload_files/download_files/Hirishima-SGU.pdf（最終閲覧日：2017 年 1 月 31 日）〉。

た人材養成を行う為の授業形態を実施することが求められている。

　それでは具体的にどう学びを導けばよいのだろうか。広島大学では，学習者の学びを促す授業方法の一つとして，反転授業というアクティブラーニング法の導入を推進している。本章では筆者が担当する授業を事例に，教員に過度な負担をかけずに従来の授業を反転授業に置き換える方法を紹介し，また，実際に実施した反転授業の効果と課題についても紹介する。

2　授業概要

　広島大学では，2005（平成18）年度より全国に先駆け，全学部において英国のQAA（Quality Assuarance Agency for Higher Education）を参考にしたHiPROSPECTS®（到達目標型教育プログラム）として学士課程教育を実施している。つまり，それぞれのプログラムで養成する知識や能力をもつ人材像（到達目標としてのディプロマポリシー：DP）を明らかにし，そのために必要な教育内容の整理（カリキュラムポリシー：CP）及びカリキュラムマップを作成し，CPに対応できる入学生像をアドミッションポリシー（AP）として明らかにして，APに則った入試を行っている。教員は自身の興味に基づいた講義を行うのではなく，プログラムで作成したカリキュラム，およびそれに紐付く講義科目とその内容のシラバスに沿って教育を行い，プログラムで承認された講義科目のルーブリックにより成績及び到達度を評価する。つまり，各到達目標プログラムの責任の下でそれぞれの科目のルーブリックを設定し，各授業科目の教育内容及び評価をプログラムで実施している。各授業科目の成績評価の最終責任は各プログラム担当教員会にあるものとし，教員が成績評価した内容を各プログラム担当教員会で確認し，最終評価とするシステムを構築している。

　本章で対象とした授業科目は，筆者が主担当で開催している，生物生産学部分子細胞機能学プログラムにおける必修科目，および同学部の他プログラムの選択必修科目，他学部の選択科目として開講している「免疫生物学」である。シラバスは，「広島大学シラバス」のホームページ[2]から参照していただきたい。

　本学部の五つのプログラムのカリキュラムマップ上，学生は2年生前期までに五

---

[2] 広島大学シラバス（免疫生物学：使用言語（日本語J），学問分野（農学・動物生命科学14），学習の段階（中級レベル3），講義コード L5001004）〈https://momiji.hiroshima-u.ac.jp/syllabusHtml/（最終閲覧日：2017年2月7日）〉。

つのどのプログラムに配属されても必要となる教養教育科目の基盤科目と学部の専門基礎科目を履修してきている。本授業科目は2年生後期でプログラムに配属された学生が配属直後から受講する必修科目としてプログラムで授業内容の承認を得て開講されている。本授業科目の到達度評価の評価項目は，本プログラムの知識・理解として，「生物の機能や生態に関する知識・理解を得る」であり，プログラムの中でのこの授業科目の位置づけ（カリキュラムポリシー）は，「生き物の持つ生体防御能力に関する知識・理解を得て，そこに存在する概念を考える」と，「生体防御能力が現代社会に応用されている現状を理解し，創造する」である。

　授業科目の最終到達目標を決定することは，インストラクショナルデザイン（授業実施の意匠）を構築する際に重要なことである。なにを知り，何ができるような能力を培わせるかという最終到達目標が明確になっていなければならない。その意味で，広島大学が各プログラムのDPとCPに紐づく授業科目を開講し，各授業科目の到達目標の設定を明らかにしていたことは，本授業科目を反転授業として開講する際に，インストラクショナルデザイン上，有利な点であった。

3 これまでの授業方法とその課題

　本授業科目の開講当初（1995年度）は，液晶プロジェクターを用いて農学分野における免疫学・生体防御学の分野を学生に説いていた。用いるスライド画像はA4のプリントに4分割にして白黒印刷し，講義の前の週に学生に配布していた。授業では講義時間の最後の時間を用いて全員（25名程度）に質問をさせ，教員はその全ての質問に答えていた。つまり，全員に質問をさせる事で，受講中に質問内容を考えながら受講しなければならないという課題を与えたことになり，全員が多少なりとも能動的な受講態度となることを期待して実施した。授業後の学生の質問内容は，講義の回数が増えるごとに高度で深化した内容になっていったが，質問およびその回答時間に時間を取られるという問題点を著者自身で感じていた。2005年度からは，広島大学にLMSとしてBlackbordが導入され，本授業科目でも学習支援ツールとして導入し，受講者全員がBlackbordの掲示板で講義終了後1週間以内に毎回必ず質問するというルールをシラバスにも記載して実施した。なお，質問は他学生の質問への教員回答へも重ねて質問してよいこととした。また，先に提出された他の受講者からの質問との重複（同じ質問）は認めなかった。このシステムは学生にも好評で，授業評価アンケートや教員と学生との教育の質に関する懇談会でも，よい取

り組みとして取り上げられた（自己点検・評価報告書）。学生は，自分と同じ講義を聞いている他学生が，自分が考えもしなかった質問をしていることに刺激を受けたとコメントしている。

　授業外学習時間もアクセスログから測定し，十分に確保されていることが確認できていた。しかしながら，主体的な学修を促す事と，この授業科目で学んだ知識を知恵として使えているかどうか，つまり「理解し，創造する」ことができているかの評価をどのようにするかについて，インストラクショナルデザインの観点から教員として不満が残っていた。

　そこで，DP を意識したインストラクショナルデザインを見直し，2013 年度から反転授業の試みとして，配布していたスライド資料を事前に学んでから講義に参加する事を課し，教室内では協働学習を行わせるというデザインを試行した。しかし，初年度の反転授業に対する学生の評価は悪く，その原因は学生からも指摘されたが，スライド資料が教科書的に初修者でもわかるようにまとめられているものではなく，教員側の教える都合で作られていたからであった。つまり，受講者の自主学修をスライド資料だけで行うためには専門的すぎて，予習としての自主学習を行い難いものにしていた。つまり，ラーニングデザイン（学生が主体的に学修成果へ到達するように導く意匠）ができていなかった。そこで 2014 年度から，教員側の意匠を理解し易くまとめた授業を録画し，その講義ビデオをストリーミングサーバー上にアップし，受講者権限で Blackboard 上により閲覧させる方法を実施し，学生が主体的に学ぶ学習形態となるように変更した。また，復習および省察として，講義内容に関する質問を Blackboard の掲示板を用いて行う事も引き続き受講者全員に義務として課した。

4　反転授業の方法

　事前配付資料は，前年度に準じた資料（受講者側の自主的学修を意識したものではなく，教員が講義しやすい内容のまま）を配付した。配付資料には，教員が自ら作成した模式図だけでなく，各種の参考書や学会誌などから引用した模式図も掲載されている。紙での資料配付はこの人数であれば，教員自身が配布することで著作権を侵害しない。しかしながら，ビデオ録画して講義に用いるスライドをストリーミングサーバーにアップするためには，著作権に抵触しないように工夫しなければならない。広島大学では情報メディア教育研究センターの教育部門において，著作権への

助言や交渉を行うコンテンツ作成に関する支援体制が整備されている。しかしながら，今回の目的には，教員の負担の少ない方法を模索するというものもあった。そこで，著作権に抵触するようなスライドには，全て「著作権により非公開」と記した灰色の四角い画像を上書きしてサーバーにアップさせて画像を隠し，著作権に抵触しない画像をビデオ録画するという工夫を行った。学生は，講義スライドと全く同じ印刷資料を事前に配布されているので，灰色の画像を上書きされた部分は，ビデオ講義を聞きながら，紙の資料を見て講義を受講した。

講義資料は PowerPoint で作成し，Mac OS X の QuickTime Player の「新規画面収録」を用い，講義を収録した。自宅で講義資料を画面に表示しながら，約5分間から20分間の講義を行い，iPhone 用のイヤフォン兼マイクを用いて音声と共に画面動画を収録して講義ビデオを作成した。収録したビデオの前後にある講義とは無関係の部分を QuickTime Player の「トリム」で切断編集し，講義内容だけの動画ファイルを作成した。これを Blackboard のファイル領域を通して情報メディア教育研究センターに転送し，同センターにおいて，ストリーミングサーバー上へのアップロードと動画を表示するページを Blackboard 上に作成する作業を行っていただいた。情報メディア教育研究センターでは，作業時間としてビデオ収録時間の約2倍の時間が必要であったと報告を受けている。

授業ビデオ作製時の教員の音声は，音読用の原稿を作成し，声に抑揚をつけて原稿を読み，収録時間に無駄がないように進めた。

受講学生は講義ビデオを自宅あるいは LAN 環境のある情報処理教育室などで視聴した。講義室では四人で一つのグループを自主的に作らせ，講義ビデオで学修した内容を協働学習の様式を用いて復習させた。協働学習で理解できなかった部分について，学生に挙手をさせ，教員が個々のグループに出向いて説明を行った。

ビデオ学修と協働学習による知識の習得状況を評価する目的で，毎回約10問のテストを実施し，その後，答え合わせを協働学習で実施させた。最後に，間違った知識の習得が行われないように，教員から正しい解答も提示した。

次に，解のない問題として，知識を知恵として使わせる試みを行った。例えば，「微生物の生体防御」と「植物の生体防御」の講義内容では，それらの知識を使って，世の中に出せる商品を考えなさいという課題を与え，知識を基礎に，実際の身の回りの事象と関連させて知識を応用する能力，および創造する能力を養う行為を協働学習で実施させた。

これらのアイデアをグループごとにホワイトボードに記述させ，発表・質疑応答

配布資料	講義資料を全てプリントにして，A4 に 4 枚を入れて，裏表印刷して配布。 プリントは話す方のストーリーにはなっているが，受講者が初めて学ぶ場合に理解しやすい順番になっていないし，内容も一枚のプリントを見ても，教員が追加説明しないと理解できない内容となっている。	
↓		
自学自習	LMS で約 20 分から 40 分のストリーミング配信の講義ビデオで学習（2 倍の時間がかかっている様子）。	40-80 分
↓		
講義室内での共同学習	4 人一組のグループを自主的に作らせ，対面で共同学習の復習を行う。グループでの共同学習の復習でも理解できなかった部分は挙手させる。挙手のあったグループに行き，教員が詳細に説明（TA を活用できる）。	30 分
↓		
確認試験	ビデオで学習した内容の理解度の確認試験（10 問程度）。 グループ間で答え合わせ → 最終的に教員から解答を全員に提示。	15 分
↓		
補填講義	全体的に理解度が低く，ビデオ講義が不十分だと感じた内容	15 分
↓		
応用試験	解の無い応用問題を共同学習で意見をまとめる。知識を応用して創造性を培う。 ホワイトボードに全グループの内容を各自で記載させ，発表させる。 クリッカーを用いて，どのグループの内容が良いかを他者評価。	30 分
↓		
復習	LMS の掲示板を用いて全員が質問を行い，質問内容と回答を全員で共有する。	15 分

図 8-1 免疫生物学講義の実施方法

させ，最後に自身の班を除く他の班の中で一番評価できる内容の班を，受講者全員に配布したクリッカーを用いて投票させ，他者評価させた。優勝グループには，毎回，小さな菓子を人数分与えた。

復習として，以前から行っている質問を Blackboard の掲示板に書き込むことを全員に課し，講義の省察を行わせた。反転授業の概略は図 8-1 に示した。

5 反転授業の実施結果

本授業科目では，毎年，第 1 回目の授業で教員の自己紹介を 30 分ほどで実施している。そこでは，著者自身がどのようにしてこの学問領域を学ぶようになったのか，著

者の教育歴および研究歴を紹介しながら説明している。つまり，だれもがいついかなる時でも夢をもち，そのベクトルに向かって活動することが重要であり，その主体的な態度が現在の著者の職業にも結びついていること事を紹介している。そして受講者全員に，知識ではなく，この学問領域のおもしろさ，楽しさを伝えたいと説明している。残りの時間の第一回目の対面講義では，「この現象，おもしろいでしょ！」「ここは，どうなっているのでしょうね？」と問いかける形で対面講義を実施した。第1回目の授業から，質問を Blackboard の掲示板に書き込むことを全員に課した。また，15回目の授業は，まとめの意味もあり，反転授業ではなく対面授業で行った。

　最初の授業で上述した反転授業を実施すると宣言した 2013 年度から，1 回目の授業から 2 回目の授業の間で，他学部や同学部他プログラムの選択科目の学生の中から 10 名以上の学生が履修を取りやめ，他プログラムの学生が 1 名しか残らなかった。2014 年度では，やはり 10 名以上の学生が 2 回目で履修を取りやめたが，3 名の他プログラムの学生が残り，最終的に必修科目として受講する学生と合わせて 27 名となった。反転授業の方法を用いる事はシラバスに明記していたが，多くの学生はシラバスの内容ではなく授業科目名で履修登録をしている。残念な事であるが，これが広島大学の現状である（この点については，学生がシラバスを確認してから受講するという行為が実質化できるように，広島大学では 2015（平成 27 年）度より全学的にシラバス記載内容の充実を図った）。

　2014（平成 26）年度後期において，授業実施 3 回目，つまり反転授業実施 2 回目の後に，学生に対してこの講義形式についてのアンケートを実施し，また，最終講義修了時にもアンケートを実施した。最終的なアンケート結果は，授業実施 3 回目のアンケート結果に比べて評価は若干下回っていた。最終アンケートの結果を表 8-1 に記載した。アンケートの個別の自由記載内容は，字数の関係で省略する。

　授業が始まるまでの期間のどの時間帯に，講義ビデオにアクセスしているかを，Blackboard のアクセスログから測定した結果を図 8-2（☞ p.159）に示す。授業開始前 24 時間以内のアクセス，つまり前日から講義当日の朝の間のアクセスが多いことが明らかとなった。これは，授業の 3 回目に，口頭でいつ頃視聴をしているかを受講生達から聴取し，前日であるということを教員が聞いたことから，講義ビデオのサーバーへのアップを遅いときには前日に行ってしまった事に起因する可能性を否定できない。

　また，講義ビデオの視聴が講義後にもあるかどうかを検討したところ，図 8-3 に示すように，全体のアクセス数の約 1/4 が授業後のものであった。これは，Web 上

表 8-1 学部授業「免疫生物学」の講義を受けての感想(平成 26 年度)

	Yes	No	Yesの割合
1) 生体の恒常性維持機能として生体防御機構が存在していることを理解できましたか？(Yes/No)	27	1	96.4%
2) 微生物の生体防御機構を人に説明できますか？(Yes/No)	14	13	52.0%
3) 植物の生体防御機構を人に説明できますか？(Yes/No)	11	17	39.3%
4) 微生物からほ乳類までの、ホメオタシスとして免疫系があることを人に説明できますか？(Yes/No)	16	12	57.1%
5) 免疫系はどんなものにも対応出来るレパートリーを作り、自身に都合の悪いものだけを排除する機構があることを人に説明できますか？(Yes/No)	20	5	80.0%
6) 脊椎動物は、外から侵入するウイルスや細菌から自分の身を守るために、「自然免疫」と「獲得免疫」という2つの免疫システムを持っていることを人に説明できますか？(Yes/No)	27	1	96.4%
7) 自己で無いものを攻撃するが自己は攻撃しない免疫応答の仕組みを人に説明できますか？(Yes/No)	28	0	100%
8) 抗原が侵入すると前回の侵入を記憶しているため、すぐに抗体や攻撃細胞によって撃退を開始します。どうしてこのようなことが起こるのか、人に説明できますか？(Yes/No)	27	1	96.4%
9) 遺伝子を組換えたり付加や削除して、ランダムに多様な抗体を作り出すシステムと、その結果できてしまう可能性のある自分を認識して攻撃する抗体の生産を抑制するシステムを人に説明できますか？(Yes/No)	18	9	66.7%
10) アレルギーとはなにかを人に説明できますか？(Yes/No)	22	5	81.5%
11) 免疫学システムを用いて、何かに応用できるアイデアは浮かびましたか？(Yes/No)	14	13	51.9%
12) 反転授業は、この学問領域の知識を修得する上で効果的でしたか？(Yes/No)	13	13	50.0%
13) 反転授業は、この学問領域を知恵として生かす上で効果的でしたか？(Yes/No)	19	7	73.0%
14) 反転授業は、他の学生にも勧めたいですか？(Yes/No)	9	16	36.0%
15) 反転授業は、他の教員にも行って貰いたいと勧めたいですか？(Yes/No)	9	16	36.0%
16) 授業外学習(ビデオ学習+掲示板)は毎週何時間かかりましたか？ 約(　)時間かかった。			平均1.7時間
17) この免疫生物学講義全体の内容は、どう思いますか？(6択)			
面白かった	17		60.7%
将来役に立ちそうだ	9		32.0%
将来役に立ちそうに無い	0		0%
つまらなかった	0		0%
負担がある	8		28.6%
その他の自由記述			

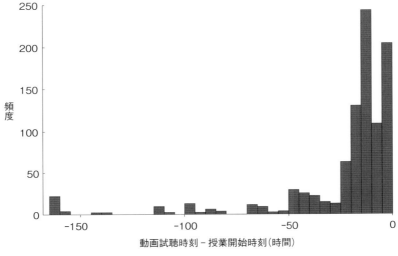

図 8-2　講義ビデオのアクセス時間帯（1）

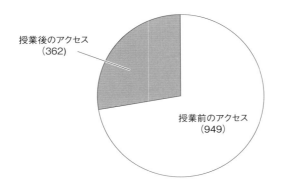

図 8-3　講義ビデオのアクセス時間帯（2）

の掲示板を用いた学修の省察としての質問を全員に課していることが原因として考えられる。学生アンケートでは，春休みなどにまとめてもう一度講義を視聴して学修したいという意見もあり，そういうビデオ講義の利用形態もあることがわかった。

6 考　察

　シラバスに記載してあるにもかかわらず，反転授業を実施すると説明した次の回の講義から，選択科目として受講を希望してきた学生のほとんどが履修を取りやめたことは，著者にとっても初めての事であり，この授業形態が初めての学生には，ハードルが高い授業科目と受け取られたと考える。

　2014（平成 26）年度の授業後に著者が実施した学部授業でのアンケート結果を表 8-1（☞ p.158）に示した。

　受講学生の知識の習得状況は毎回の小テストで確認できた。そこで，講義のもう一つの目的である知恵として使えるか，および他人に説明できる能力を獲得できたかを自己評価させた。学生の自己評価能力については，協働学習で教え合う作業をしているので，教えることができるかどうかの学生の自己評価の適切性は，今回のアンケートでは確保できていると考えた。講義コンテンツの中では，「植物の生体防御」のコンテンツについて説明できる学生が 39.3％ と少なかった。また，「分子生物学的な高度な内容」についても若干理解度が低く，説明できる学生数も 66.7％ に留まっていた。これらの点は著者である教員が，講義の内容の改善を行わなければならない点と認識した。また，「アイデアが浮かんだか」という質問については，半分以上の学生で「アイデアが浮かんだ」と答えていた。これは，知識を知恵として使う事を半分以上の学生ができていたことを意味している。この学問領域を知識として生かすことに，この授業形態は効果的であるとの傾向（73.0％）がでているが，その一方で，この授業形態は知識を修得する上で効果があると答えた学生は 50.0％ に留まった。これは，平均自学自修時間が 1.7 時間であったことと，負担があると答えた学生が 28.6％ 存在していたことに起因すると考えている。つまり，知識を得るだけならこのような反転授業は必要ないという意見の傾向が示されたものと考える。「将来役に立ちそうに無い」とか，「つまらなかった」という学生が全くおらず，「面白かった」「将来役に立ちそうだ」と答えた学生のみで占められていたにもかかわらず，「他の学生や他の教員に反転授業を勧めたい」という学生が 36.0％ しか存在しないことは，学生の授業外学習の負担があるという結果から生じたものではないかと考える。この 36％ を少ないと考えるか，または多いと考えるかは議論が分かれるところである。つまり，この授業形態は授業外学習時間の確保という点からは大きな効果が得られているが，プログラムの全ての科目を反転授業で実施することは，いまどきの学生に取って負担がかなり増えることになる。受講学生はその事を強く

表 8-2 大学院授業「免疫生物学」の講義を受けての感想（平成 27 年度）

	Yes	No	Yes の割合
1) 生体の恒常性維持機能として生体防御機構が存在していることを理解できましたか？（Yes/No）	11	0	100%
2) 微生物の生体防御機構を人に説明できますか？（Yes/No）	8	3	72.7%
3) 植物の生体防御機構を人に説明できますか？（Yes/No）	3	8	27.3%
4) 微生物からほ乳類までの，ホメオタシスとして免疫系があることを人に説明できますか？（Yes/No）	8	3	72.7%
5) 免疫系はどんなものにも対応出来るレパートリーを作り，自身に都合の悪いものだけを排除する機構があることを人に説明できますか？（Yes/No）	9	2	81.8%
6) 脊椎動物は，外から侵入するウイルスや細菌から自分の身を守るために，「自然免疫」と「獲得免疫」という 2 つの免疫システムを持っていることを人に説明できますか？（Yes/No）	10	1	90.9%
7) 自己で無いものを攻撃するが自己は攻撃しない免疫応答の仕組みを人に説明できますか？（Yes/No）	11	0	100%
8) 遺伝子を組換えたり付加や削除して，ランダムに多様な抗体を作り出すシステムと，その結果できてしまう可能性のある自分を認識して攻撃する抗体の産生を抑制するシステムを人に説明できますか？（Yes/No）	7	4	63.6%
9) 免疫学システムを用いて，何かに応用できるアイデアは浮かびましたか？（Yes/No）	7	4	63.6%
10) 反転授業は，この学問領域の知識を修得する上で効果的でしたか？（Yes/No）	10	1	90.9%
11) 反転授業は，この学問領域を知恵として生かす上で効果的でしたか？（Yes/No）	11	0	100%
12) 反転授業は，他の学生にも勧めたいですか？（Yes/No）	8	2	80.0%
13) 反転授業は，他の教員にも行って貰いたいと勧めたいですか？（Yes/No）	6	4	60.0%
14) 授業外学習（ビデオ学習＋掲示板）は毎週何時間かかりましたか？約（　　）時間かかった。			平均 2.0 時間
15) この免疫生物学講義全体の内容は，どう思いますか？（6 択）			
面白かった	3		27.3%
将来役に立ちそうだ	7		63.6%
将来役に立ちそうに無い	0		0%
つまらなかった	0		0%
負担がある	2		18.2%
その他の自由記述			

警戒しているものと考えられる。

　広島大学では，2017年度から4ターム制（前期と後期を8回ずつ半分に分けた4つのタームを用いた学事歴；4学期制）を実施している。著者の所属する大学院生物圏科学研究科では，農学系や生物系以外の出身入学者の受け入れも行っていることから，そのような多様な入学生向けに農学分野の基礎的な授業科目をターム制で開講している。大学院の第1タームで開講している90分8回の「免疫生物学」の大学院講義を用い，1回の授業で学部の内容の約2回分を学習する内容で反転授業を実施した。ここでのアンケート結果を表8-2（☞前頁）に示す。授業負担の割合は同程度であった。受講生が講義内容を他人に説明できないというコンテンツも，学部学生のアンケートと同様の傾向であった。このようなコンテンツは，確実に著者の講義内容に問題があると判断し，今後の改善を行う予定である。しかしながら，一般的に，知識を自身の言葉として説明できるという大学院生の能力は，学部学生のそれに比べて高かった。さらに驚くことに，大学院学生のアンケートでは，「学問を知識として修得する上で効果的であったか」と「知恵として生かす上で効果的であったか」のYesの値は，学部学生のそれに比べて圧倒的に高かった。さらに，他の学生や他の教員にも勧めたい割合も，それぞれ80％と60％となり，学部学生の値に比べて高かった。

　このことは，大学院生の場合，少なくとも卒業論文において苦労しながら実験を行い，そこから導かれる課題とその解決策を考えるという過程を経験し，それを一つの論文にまとめるという学習を経験しているために，与えられた知識から創造的活動を行う事に対して抵抗もなく，また，このことこそが有意義であるということを認識しているからではないかと考えている。

7　課　　題

　アンケートの自由記述の個別結果（結果には示さず）に，いくつかの大事な指摘点があったと考えている。それは，1）自学自修を行い，コミュニケーション能力を培わせ，知識と共に，それを身の回りの現象と関連づけて使える知恵にまで成就させる試み，および創造力を働かせる試みは，ある程度できたと考えられた。しかしながら，2）それではその能力を証明するにはどうしたらよいのか（学修成果のエビデンス）。これについては，能力の有無ではなく，能力のルーブリックを作成して，学生に段階的自己評価をさせる必要があると考えている。それにより，質問による省

察もまた，有意義な活動となるのではないかと考えている。3) 発達障害学生を含む，主体的な活動が苦手な学生など，多様な学生が混在する状態でのビデオ学習や協働学習の形態を，どのように改善していくかということも，大きな問題になると考えられる。協働学習に慣れておらず，主体的に意見交換ができない学生に対して，学習に入る前に，二人で組を作って自己紹介や他己紹介などの協働学習の形態をまず学ぶ事を行う事で，学生自身の声や意見を発するトレーニングを行ってから，実際のディシプリンを用いた協働学習に入らせるべきだったと考えている。また，4) 反転授業だけではなく，通常の講義と併用（ブレンデッドラーニング）を行い，一つの学問を学ぶための受講者集団の一体感を作る事も大事ではないかと考えている。5) 現在の知識は陳腐化する。しかしながら，高等教育（大学の授業）では，絶えず学び続ける能力を培わせるべきである。そうであれば，その力をつけるというミッションは反転授業の中で学生にどのようにして培わせることができるのか。このことも大きな課題である。6) 受講者自身が図書館などで情報収集を行う行為や，培った内容をレポートに文章としてまとめるなどの能力も，この授業科目の中で積極的に培わせていきたいと考えている。今後，これらの課題を克服する試みを試行錯誤しながら，効果的な授業を実施して行きたいと考えている。つまり，ラーニングデザインを意識することで，さらに発展したインストラクショナルデザインを構築しなければならないと考えている。

8 おわりにかえて：その後の展開

2015（平成27）年度の後期に実施した学部での反転授業では，上述課題の 2) と 3) について解決策を試みた。まず，協働学習の初回に，学生二人をペアにさせ，お互いの自己紹介をさせ，その後，もう一つのペアと組になって最初にペアになった学生の他己紹介を行わせた。最初から四人のグループでは積極的に話をする学生と聞き役に回ってしまう学生が出てきてしまうが，最初に二人で自己紹介し，それを他己紹介するには必ず二人共が話役と聞き役の両方を行わなければならないという状態を無理矢理に設定した。それを行う事で，四人のグループになった時にも自分の発言を臆することなく行い，人の意見を聞くという態度のスタートが切れ，協働学習での話し合いが非常に活発になった。つまり，課題3) は協働学習を実施させる前に簡単な作業を行う事で克服できたと考える。その結果は，次の評価の結果にも表れていると考える。

表 8-3　学部授業「免疫生物学」の講義を受けての感想（平成 27 年度）

	理解できなかった	知識として理解した	共に学んだ学友がいれば、一緒に他の人に説明できる	一人で他の人に説明できる
1) 生体の恒常性維持機能として生体防御機構が存在していることを人に説明できますか？	0	5	18	2
2) 微生物の生体防御機構を人に説明できますか？	1	14	10	0
3) 植物の生体防御機構を人に説明できますか？	2	12	8	3
4) 微生物からほ乳類までの、ホメオスタシスとして免疫系があることを人に説明できますか？	1	12	10	2
5) 免疫系はどんなものにも対応出来るレパートリーを作り、自身に都合の悪いものだけを排除する機構があることを人に説明できますか？	2	3	14	6
6) 外から侵入するウィルスや細菌から自身を守るために、「自然免疫」と「獲得免疫」という 2 つの免疫システムを持っていることを人に説明できますか？	0	0	10	15
7) 自己で無いものを攻撃するが自己は攻撃しない免疫応答の仕組みを人に説明できますか？	0	5	11	9
8) 抗原が侵入すると前回の侵入を記憶しているため、すぐに抗体や攻撃細胞によって撃退を開始します。何故なのか、人に説明できますか？	0	4	13	9
9) 遺伝子を組み換えたり付加や削除して、ランダムに多様な抗体を作り出すシステムと、その結果できてしまう可能性のある自分を認識して攻撃する抗体の産生を抑制するシステムを人に説明できますか？	2	11	10	2
10) 抗体のクライススイッチ機構を人に説明できますか？	1	8	11	5
11) 免疫記憶細胞が何処で作られ、抗原特異的な抗体がどのように作られていくのかを人に説明できますか？	2	8	12	3
12) アレルギーとはなにかを人に説明できますか？	0	5	10	10

　評価の方法も，表 8-3 に示すごとく，学生の自己評価にルーブリックを用いた。学生の中には理解できなかったというものも数名いたが，他の人に説明できる（「共に学んだ学友がいれば……」を含む）という割合が最初の 12 評価項目中 8 項目で 50% 以上になっていた。また，この学問領域の知識を習得する上と，この学問領域を知恵として生かす上の両方で効果的である割合が，昨年度の評価を上回り，他の学生と教員にも反転授業をすすめたいという割合，および将来役に立ちそうだという割合も飛躍的に高まった。以上の二つの課題の改善策を試み，改善が得られたことを最後に述べ，筆を置くこととする。

表 8-3 学部授業「免疫生物学」の講義を受けての感想（平成 27 年度）

	アイデアを出すのは苦手	他の人と一緒であれば、アイデアを出せるようになった	一人でアイデアを出せるようになった
13) 免疫学のシステムを用いて、何かに応用できるアイデアは浮かびましたか？	6（24%）	12（48%）	7（28%）

	Yes	No	Yes の割合
14) 反転授業は，			
この学問領域の知識を修得する上で効果的でしたか？（Yes/No）？	21	4	84%
この学問領域を知恵として生かす上で効果的でしたか？（Yes/No）？	20	5	80%
他の学生にも勧めたいですか？（Yes/No）？	18	7	72%
他の教員にも行って貰いたいと勧めたいですか？（Yes/No）？	13	12	52%

	Yes	No	Yes の割合
15) この免疫生物学講義全体の内容は，どう思いますか？（Yes/No）？			
面白かった？（Yes/No）？	25	0	100%
将来役に立ちそうだ？（Yes/No）？	24	1	96%
将来役に立ちそうに無い？（Yes/No）？	1	24	4%
つまらなかった？（Yes/No）？	0	25	0%
負担がある？（Yes/No）？	18	7	72%
16) 授業外学習（ビデオ学習＋掲示板）は毎週何時間かかりましたか？ 約（　）時間かかった。	平均で 1.68 時間	1-5 時間	

【引用・参考文献】

石井英真（2002）．「「改訂版タキソノミー」によるブルーム・タキソノミーの再構築—知識と認知過程の二次元構成の検討を中心に」『教育方法学研究』**28**, 47-58.

広島大学生物生産学部・広島大学大学院生物圏科学研究科（2008）．「自己点検・評価報告書（教育）」

ヤング，S. F.・ウィルソン，R. J.／土持ゲーリー法一［監訳］（2013）．『「主体的学び」につなげる評価と学習方法—カナダで実施される ICE モデル』東信堂

09 初等中等教育における反転授業

福本 徹

1 はじめに

　初等中等教育における教育課程の編成基準である学習指導要領が2017（平成29）年にも改訂される見込みである。文部科学大臣諮問『初等中等教育における教育課程の基準等の在り方について』（2014（平成26）年11月20日）では，国際バカロレア，持続可能な開発のための教育（ESD），OECD東北スクールなどの取り組みを紹介した上で，現状認識とこれからの方向性を以下のように示している。

> 　ある事柄に関する知識の伝達だけに偏らず，学ぶことと社会とのつながりをより意識した教育を行い，子供たちがそうした教育のプロセスを通じて，基礎的な知識・技能を習得するとともに，実社会や実生活の中でそれらを活用しながら，自ら課題を発見し，その解決に向けて主体的・協働的に探究し，学びの成果等を表現し，更に実践に生かしていけるようにすることが重要であるという視点です。
> 　そのために必要な力を子供たちに育むためには，「何を教えるか」という知識の質や量の改善はもちろんのこと，「どのように学ぶか」という，学びの質や深まりを重視することが必要であり，課題の発見と解決に向けて主体的・協働的に学ぶ学習（いわゆる「アクティブ・ラーニング」）や，そのための指導の方法等を充実させていく必要があります。こうした学習・指導方法は，知識・技能を定着させる上でも，また，子供たちの学習意欲を高める上でも効果的であることが，これまでの実践の成果から指摘されています。

またこれまでは，学習指導要領は教育内容の記述が主であったが，「教育目標・内容と学習・指導方法，学習評価の在り方を一体として捉えた，新しい時代にふさわしい学習指導要領等の基本的な考え方」として，教育方法・評価も含んだ形での学習指導要領の在り方が模索されている。

2 なぜ，初等中等教育でも反転授業なのか

　先に述べたように，知識の量はもとより，学びの質や深まりを重視することがこれからの教育課程には求められており，そのために，課題の発見と解決に向けて主体的・協働的に学ぶ学習に関する指導の方法等の充実が求められている。
　そのために，授業内で児童生徒が主体的に学ぶ，例えば，協働的な問題解決，他者とのかかわり，知識のアウトプットを行う。こうすることによって，児童・生徒が主体的に学ぶことを大きな目的としている。
　武雄市のスマイル学習の事例では，児童生徒がより意欲的（主体的）に授業に臨めること，教師が児童生徒の実態を正確に把握して授業に臨めること，授業では「協働的な問題解決能力」を育成することを目的にしている。
　篠山市立篠山東小学校の事例では，予習による知識のインプットがあれば課題意識をもっていれば生徒は授業に主体的に臨めることと，学習内容を生かしたアウトプットの時間を従来の授業と比べてより多く確保して知識の理解の深まりと定着がより期待できることをねらいとしている。これまでの講義中心では生徒は受け身になりがちで学習内容の定着は十分でなかったという。
　近畿大学附属高校の事例では，生徒が主体的に学び，他者と関わって学習する機会の提供を目的としている。英語科では英語の習得をめざし，数学科では数学の学力とコミュニケーション能力を涵養する，としている（芝池・中西，2014：40）。
　知識・技能の習得だけではなく，主体的・協働的な学習を行うためには，多くの時数が必要となる。ある報告（郡司，2014）によれば，中学校社会科地理的分野および歴史的分野において，教科書を扱う時間が168-180時間程度，中学1・2年生の社会科における授業時数が最大210時間であるため，協働学習を行う時間は2年間で30時間程度であると試算している。もちろん，教科書の内容を扱う時間がすべて知識・技能の習得に費やすものではなく，教科書の内容を扱いつつ児童生徒が主体的・協働的に学ぶことも可能なわけではあるが，限られた時数を有効に活用することは必要な視点である。他の事例では，小学校6年生算数において，教科書会社

が示す標準配当時間である 16-19 時間を，反転授業によって 12 時間構成にできたとの報告がある（稲垣, 2014）。

つまり，反転授業の目的は大きく二つある。一つは，児童生徒が知識を事前にある程度得ることによって教室内の授業に主体的に臨めること，もう一つは，事前学習で知識習得をある程度行うことによって，これまで教室内の授業で行っていた知識習得にかかる時間をセーブし，授業では主体的・協働的な学習をより多く行うことができるようにすることである。

3 これからの学びについて

これからの教育課程において重要な位置づけとなる「育成すべき資質・能力」について，国立教育政策研究所のプロジェクト研究では，「資質・能力育成のための授業や教育課程編成の視点」として，子どもの学び方を次の 7 点にまとめている。

1. 意味のある問いや課題で学びの文脈を創る　子供は，自分がこれからどのような内容を，何のために学ぶのか，そして何ができるようになるのか，といった学習の目的をつかむことで学びやすくなる。
2. 子供の多様な考えを引き出す　子供は，生活体験や文化，生得性による自分なりの考えを持っている。
3. 考えを深めるために対話のある活動を導入する　2. で述べた考えは子供によって違うため，違いに気づいて自らの考えを深めるきっかけになる。単なる「教え合い」や「発表し合い」では，子供は対話による良さを感じにくい。「他人が居ることで／対話することで深まる活動」をうまく設定する必要がある。
4. 考えるための材料を見極めて提供する　そもそもの「学習の問い」に対して子供が考える材料にできる知識や経験がどの程度子供にあるのか，資料などで不足分を補うといった手立てが必要になる。
5. すべ・手立ては活動に埋め込むなど工夫する　思考の道具として子供が使う「すべ」や，手立てとしての材料の提供や学習活動の設定が重要なものとなる。単なる訓練ではなく，子供が必要な時に必要に応じて「すべ」を使えることが大切である。
6. 子供が学び方を振り返り自覚する機会を提供する　学習過程や成果を子

供が意識することが，資質・能力を身に付ける上で重要である。学習の途中で子供が自らの学びを自覚することは，フルパワーで学んでいるときほどなかなかに難しい。そのために学び方を振り返り自覚する機会が必要である。
7. 互いの考えを認め合い学び合う文化を創る　　多様性を認める文化が学びの中にあれば，子供同士での考えの違いが認められ，それとともに，考えを変えていくことが認められやすくなる。考えの違いが争いや優劣ではなく，考えの違いによって学びが深まることがありうる，ということである。

これら7点は，以下のように反転授業の形態によくあてはまる。

1. 意味のある問いや課題で学びの文脈を創る　　子供が学習の目的をつかむために，反転授業では事前学習を行うことになる。
2. 子供の多様な考えを引き出す　　事前学習を行った結果を持って児童・生徒は授業に参加する。子供は，生活体験や文化，生得性に加えて，事前学習によって自分なりの考えを持つことになる。
3. 考えを深めるために対話のある活動を導入する　　反転授業によって生まれた時間によって，児童・生徒が持った考えを交流し合ったり，違いに気づいて自らの考えを深める時間が十分に確保できる。単なる「教え合い」や「発表し合い」だけでなく，より突っ込んだ対話を行い，学習内容がより深く理解できるようになる。
4. 考えるための材料を見極めて提供する　　前述した「資料などで不足分を補う」が，まさに反転授業における事前学習の資料に相当する。
5. すべ・手立ては活動に埋め込むなど工夫する　　3.と同様に，学習活動の時間が十分に確保できるため，「すべ」や手立てとしての材料の提供や学習活動の時間が教室内での活動となるため，これらの設定が重要なものとなる。
6. 子供が学び方を振り返り自覚する機会を提供する　　反転授業は，事前学習を前提とし，教室内の活動とトータルなものである。学習過程が事前と教室のように明らかになるために，児童生徒が，どの場でどのように学んでいるかを意識しやすい。また，成果の共有を行う時間も確保しやすい。
7. 互いの考えを認め合い学び合う文化を創る　　3.ともつながるが，教室内で十分な時間の確保ができるため，多様性を認め合う時間が十分に取れる。

また，子供たちが考えを交流する時間も増え，考えを変えていくことがやりやすくなる。その結果として，考えの違いによって学びが深まる可能性が高まる。

4 反転授業の設計

　大学における反転授業と異なる点として，小中高等学校における学習指導要領の基準性はもとより，現状の学校で広く行われている授業スタイル，つまり，一斉授業を前提にする場合には「導入－展開－まとめ」といった一般的な授業構成とどのように組み合わせるかということについて考慮する必要がある。いわゆる「練り上げ」をどう作るか，である。練り上げとは「時には誤答をも共有の学習資源とし，より深く，より高い方向と目指して話し合いが行われ，最終的には自分に見合ったものを選択し，自分自身の理解を構成する過程」（スティグラー・ヒーバート，2012）である。練り上げは日本の初等中等教育に独特のものといわれており，どこまでを事前の学習にしてどこからを教室内の学びにするのか，その切り分けの設計が高等教育や諸外国の事例より慎重に求められる。なお当たり前のことではあるが，授業のねらい（知識・技能の習得なのか，思考力・判断力・表現力の育成なのか，など）によっても，切り分け方は変わってくる。いくつかのパターンを以下に示す（図9-1参照）。

[パターン1] 導入部だけを事前学習にして，児童生徒の個別解決・練り上げ（協働解決も含む）からまとめまでを授業内で行う。
児童生徒は学習する内容について見通しを持って授業に参加することになる。
[パターン2] 導入から個別解決まで事前学習にして，授業内では応用問題を扱う。
　児童生徒は学習している内容について何が理解できないのかを明確にして授業に参加する，練り上げ部分は省略されることもある。
[パターン3] 教室は課題解決型の協働学習だけにする。
　児童生徒は学習内容を事前学習（教室内外を問わず以前の学習で学んだ事項も含んで）で理解している，という前提で授業を行うことになる。
[パターン4] 家庭で調べることを済ませて，学校では持ち寄った情報をもとに話し合ったり考えを整理する（文部科学省，2014：107；総務省，2013：199）。
　児童生徒が調べてきた内容を持ち寄って授業中にまとめていく，というイメージである。

[パターン5]［パターン1］と同様であるが，事前学習を家庭で行うのではなく前時の終了直前に行う（松波・永井，2014）。

厳密にいうと反転授業ではないかもしれないが，家庭での事前学習のし忘れなどがなくなるという利点があるものの，時間数の有効活用は難しくなる。

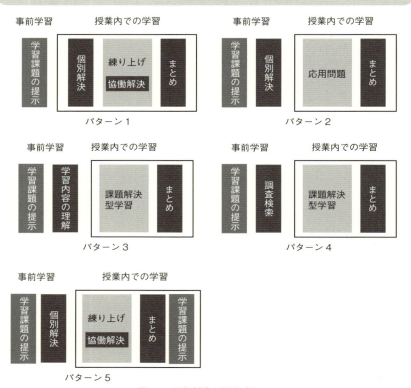

図9-1　反転授業の設計パターン

　現行学習指導要領総則によると，各教科等の指導に当たっては，学習の見通しを立てたり振り返ったりする活動を取り入れることが求められている。反転授業を行おうとする場合にも，「学習の見通しを立てて予習をしたり……習慣の確立などを図ることが重要である」と総則解説にあるように，事前学習で学習の見通しをどのようにもたせるかに留意しなければならない。このため，学習課題の提示や「問い」の設定など，導入部を前時の終末に行うという方法も良いやり方であろう。

見通しと振り返りについては第3節で触れたところであるが，事前学習では，学習内容をただ提示するだけではなく，今時の学習の見通しをもたせるために児童生徒が学習の目的をつかむことが重要である。また，学習に意欲的に取り組む姿勢を持たせるために，「問い」をどのようにするか，も大切である。事前学習の教材で学習内容をただ羅列するだけでは，児童生徒は学習に対する興味を失ってしまうであろう。教師が一方的に内容を提示するのでは，児童生徒の見通しにはつながらない。児童生徒が「問い」を自分のものにしてこそ，学習の見通しを立てたといえるのである。まとめの中の振り返りの部分にも同じことがいえる。授業内での学習はやりっ放しではいけない。協働学習のみ，応用問題を解くだけ，では学習方法や学習内容は定着しない。教師が一方的に学習内容をまとめることも，児童生徒の振り返りにつながらない。児童生徒が学習方法や学習内容を自覚的に理解してこそ，学習の振り返りとなる。

配当時間数のうちどの程度を反転にするのかについては，児童生徒の実態にもよるので一概に述べることは難しい。1単元や1授業といった実践は多いものの，期間を長く・対象を広く大規模に実施している例が少ないので，どの程度が最適かはこれからの実践結果を待つところが大きい。年間を通して行われている実践例のうち三つをみてみると以下のようになる。

- 武雄市のスマイル学習では，総時数のうち14-23％程度，1週間に換算すると3回程度になる。その中でも学校によっては，用意された教材に対する実施率が94-43％（算数）・93-33％（理科）と差がある。
- 近畿大学附属高校の例では，2年生数学のすべての単元と英語で行っている。
- 北海道教育大学附属函館中学校の例では，社会科地歴分野の授業の半分程度を反転授業で行っていた。ところが，生徒からは「反転授業をこれからも続けてほしい」というアンケート項目の数値が下がり，学習として追いつくことが難しいことがわかった。そのため，その単元や分野で中心となる内容に重点化した結果，全体の時間数の1/4程度に抑えた。

何年生から行うのがよいのか（行えるものなのか）については，さまざまな実践を概観すると，おおむね小学3年生から行っているようである。武雄市のスマイル学習では3年生以上の算数と4年生以上の理科で始め，2015年10月からは小学校2年生以上の国語でも開始する。小学校低学年児童においては，発達の特性としては

具体的な活動や体験を通して思考する特徴があることや，生活上必要な習慣や技能の育成が重視されていること，などが，学習指導要領小学校生活科解説に述べられている。理科は小学校3年生から学ぶことも合わせると，国語は2年生，算数は3年生，理科は4年生というのも妥当なものであろう。

　もう一つ大事なことは，ノートの取り方である。附属函館中学校の事例（郡司，2014）では「反転授業の中でノートのまとめ方を教えてほしい」「ノートの取り方も勉強になる」といった，事前学習や板書をただ写すのではなくノートの取り方を学びたい，という生徒の意見があった。事前学習において，講義内容を視聴して内容をノートにまとめるという作業は難しいものであると指摘している。ノート提出などの手段を用いつつ，「情報の整理の仕方」を通じたノート指導，また，「生徒自らが学習する能力」を育む授業を目指している。富谷町立（当時）東向陽台小学校佐藤靖泰先生の実践（稲垣ほか，2014）でも，ノート作りに力を入れている。事前学習の映像の中で，ノートのまとめ方をていねいに指示し，授業では予習したノートを確認する。ノートの構成は見開き2ページで，左側に事前学習，右側に授業での学習をまとめるという指導がなされている。

　障害がある児童生徒への対応も重要な視点である。通常学級においても，ASD（自閉症スペクトラム，アスペルガー症候群），ADHD（注意欠如多動性障害），LD（学習障害）などといった診断がなされるような児童生徒は一定数存在している。そのため，事前学習で用いる教材の作り方に注意を払う必要がある。具体的な対応は個別のケースに依存するのだが，例えば，即時フィードバック，感覚の優位性がある部分を内容の中心にする，重要な語句は音声だけでなくテロップでも表示する，音を効果的に使う，などである。また，反転授業で使用する動画は，通級における補充指導としても活用できる（この部分の議論は，文部科学省初等中等教育局特別支援教育課田中調査官との議論に負うところが大きい。田中裕一調査官には記して感謝する）。

5　コンテンツとネットワークの接続形態

　現状では全ての家庭にインターネットや無線 LAN が整っているわけではないので，事前学習で用いるコンテンツをどのように提供するかについて，さまざまな方法が模索されている。

　学校でコンテンツをすべてダウンロードしておいて事前学習ではインターネット接続をしない，という方法であれば，ネットワークに関することは考慮しなくて良

い。ただしこの場合，他のコンテンツを見たり，事前学習中にインターネット検索して追加的に学習するということは行えない。学びのイノベーション事業では，タブレットPCとモバイルルータをセットにして家庭へ持ち帰り，家庭からはモバイルルータ経由でインターネットに接続し，さまざまなコンテンツを視聴したり調べ学習を行ったりする実践や，各家庭のインターネットへ接続することも行われた。最近では公衆回線（LTEなど）を用いて接続する設計もみられる（総務省, 2015）。学校からのインターネット接続も公衆回線を通じて行い，学校では無線LANの整備を行わない事例も出てきた（NTTコミュニケーションズ, 2015）。

コンテンツの場所は，クラウドに置くのか，学校独自のサーバを準備してそこに置くのか，の2通りが考えられる。総務省では，教育用クラウド導入のためのガイドライン（総務省, 2015）を作り，検証実験と共に普及を進めている。しかしながら，学校外部に学校に関する情報を置くことについて，地方自治体のセキュリティポリシー上の制約で不可能な場合が多い。万が一，クラウド接続の際にデータが漏れても，個人が特定できない仕組みを導入した上で，教育クラウドの普及が望まれる。

いくつかの事例をあげると，学校でコンテンツをすべてダウンロードしておいて事前学習ではインターネット接続をしない事例（図9-2；北海道教育大学附属函館中学校など），学校に設置したサーバにモバイルルータで接続する事例（図9-3；学びのイノベーション事業など），コンテンツをクラウド上に置きアクセスする事例（図9-4；先導的教育システム実証事業），同じくコンテンツはクラウド上であるが学校からも家庭からも公衆回線で接続する事例（図9-5：先導的教育システム実証事業），などがある。

図9-2　接続形態1

図9-3　接続形態2

図 9-4 接続形態 3　　　　　　　　図 9-5 接続形態 4

6 反転授業に関する評価

　反転授業そのものに関する評価（時数短縮，話し合い活動を行う時間の確保，など）と，反転授業によって何をねらうかというねらいの部分（知識・理解なのか，思考力なのか，等）に関する評価，の二つに分けることができる。評価を行っている事例そのものが少ないため一般的な論評は難しいが，事例を紹介する。

　佐藤靖泰先生の実践（佐藤他，2015）によると，授業展開を分析した結果，授業展開に余裕が生まれ，児童が話し合って理解を深める時間を確保しやすくなるという効果が得られた。また　事前・事後の単元テストによると，すべての学力層の技能面と，中位層と下位層の知識・理解面に効果が見られた。そして，児童へのアンケートによると，家庭学習の頻度や時間が増加し，タブレット活用や反転授業は自らの学習活動に役立つと感じている。また，児童へのインタビューによると，内容理解については事前学習であったり授業内での学習であったりと学力によっての特定の傾向はなく，児童一人ひとりのペースによって学習が進んでいた。授業内でタブレットと電子黒板を使うことによって，学力下位層の児童であっても，他の児童の考えを把握することができていた。

　武雄市の事例では，児童へのアンケートを行っている。その中では，翌日の授業への期待は高く，授業での内容理解も高い値であった。また，話し合い活動で自分の意見を言うことや，他者の意見を聞くことができたとすることも高い値であった。成績面では，武雄市平均と佐賀県全体の平均との比較によって，スマイル学習が成績向上に寄与した可能性が指摘されている。

　北海道教育大学附属函館中学校の事例（郡司，2014）でもアンケート調査を行い，

成績上位層の生徒は他の人に知識や考えを聞くことが多くなった。下位層の生徒は家庭での学習時間が増加したとの結果が得られた。

　松波・永井（2014）による4年生算数の反転授業の試行では、予習動画によって授業での内容理解がすすみ、家庭学習の時間も増加した。その後の実践（松波・永井，2015）においても、児童インタビューや保護者アンケートによると、主体的な学習姿勢や思考力・表現力が身に付いたとの報告がある。

　そもそも反転授業の評価については、前述した2つ、つまり、反転授業そのものと「授業のねらい」を包含するように、学習形態に依存して決まる。知識・理解に重きを置いた完全習得をねらうのであればペーパーテスト等で知識を問うという評価になる。思考力から実践力にかけて、プロジェクト学習や探求学習を行ったのであれば、パフォーマンス評価やポートフォリオ評価といった、それ相応の評価を用いることになる（この部分の議論は、東京大学情報学環山内教授との議論に負うところが大きい。山内教授には記して感謝する）。

7 実践する上での課題

　初等中等教育の現場で、これから反転授業が普及していくかどうかは未知数なところが多い。稲垣（2014）では実践上の課題を、ICT環境の整備・教材の開発体制・教師の指導力向上・保護者の理解、の四つに整理している。以下、この整理に沿って述べていく。

● 7-1　ICT環境の整備

　ICT環境は、ネットワーク環境と端末という二つの側面を考える必要がある。

　家庭で動画を視聴するには、児童生徒の家庭が端末を準備するか、あるいは、学校が所有する一人1台の端末を児童生徒に持ち帰らせるか、が必要となる。先に述べたように、反転授業においてネットワーク環境は必ずしも必須ではないが、リアルタイムでアクセス状況や課題の進行状況を把握しようとすれば、家庭から学校や教育クラウドなどのサーバにアクセスできるようなネットワーク環境が必要となる。こうしたネットワーク環境や端末を誰が準備するのか、つまり、設置・購入や費用負担は誰なのかが課題となる。義務教育段階であれば学校側が準備することになるが、近年の財政状況を鑑みるとおいそれとはいかないのが現状である。端末の統一が取れなくても家庭で既に保有している端末を学校でも使う、つまりBYOD（Bring

Your Own Device）を基本とし，端末が準備できない家庭には学校から端末を貸し出す，といった方法も考えられる。

学校側でモバイルルータと端末を準備し，セットにして家庭へ持ち帰らせている場合や，無線LANではなくて公衆回線を使うことを前提にしたモデル（LTEモデル）を使用している場合もある。また，BYODの一形態として，佐賀県の県立高校や，専門学科としての情報科を開設する一部の県立高校，一部の私立学校では，入学時に家庭負担で同じ端末を統一して購入することにしている事例もある。

● 7-2 教材の開発体制

教員が自身の受け持ちの児童生徒の特性を把握しつつ教材を開発することは理想ではあるが，教員の多忙さをみると現実的ではない。また，ある一定の地域や教科書をベースに，共有できる程度の教材を開発することで，コストの削減にもなる。武雄市のスマイル学習では，市の教員が原案を作成し民間企業（教育企業や出版社）が動画作成を担当している。篠山市立篠山東中学校の事例では，篠山市立図書館の視聴覚ライブラリーに所属する市民ボランティアによる支援を受けて，教員が動画を作成した。その一方で，北海道教育大学附属函館中学校の事例や近畿大学附属高等学校の事例では，教員自ら動画を作成している。

しかしながら，教員が，自分の受け持つクラスに在籍する児童生徒がどういった認知特性を有しているか，を理解して作成できるという観点からは，自作教材が有効である。

● 7-3 教師の指導力向上

どの部分を事前学習にするか，また，教室内ではどのような学習を行うのか，を綿密に設計し，教室内での活動を豊かにするための指導力の向上が必要になる。指導書を頼りに教科書に書いてある通り流していくだけでは反転授業が成り立たないのは自明であろう。具体的な視点としては先述したような，子供の学び方の7点などが参考となる。

教師にも不安はある。タブレットPCの持ち帰りを行っている学校で，教員へのアンケートを行ったところ，授業の予習や復習に効果を期待しているものの，子供に家庭学習を進めさせるには自信がないという結果が得られた（山本・清水, 2015）。具体的には，故障・破損，セキュリティ面とともに，コンテンツ・教材や課題内容といった不安要素があることがわかった。

● 7-4　保護者の理解

　反転授業では，学習者が事前に動画を見てくることが前提となる。宿題とは違って，動画の視聴が授業内容の理解に直接に影響する。例えば「端末を視聴すると目が悪くなる」といった不安もあるであろうし，また，自宅で学習できる環境が保障できない場合もあるかもしれない。保護者の協力が重要であることもさることながら，学校と家庭で，子供の学びについての共通理解をもっておく必要がある。

8　反転授業の今後

　これまでもいわれてきたことだが，習得・活用・探究のバランスとともに，活用や探究の充実が求められている。中央教育審議会「幼稚園，小学校，中学校，高等学校及び特別支援学校の学習指導要領等の改善及び必要な方策等について（答申）」においては，以下のように述べられている。

> 質の高い深い学びを目指す中で，教員には，指導方法を工夫して必要な知識・技能を教授しながら，それに加えて，子供たちの思考を深めるために発言を促したり，気付いていない視点を提示したりするなど，学びに必要な指導の在り方を追究し，必要な学習環境を積極的に設定していくことが求められる。そうした中で，着実な習得の学習が展開されてこそ，主体的・能動的な活用・探究の学習を展開することができると考えられる。

　21世紀に生きる児童生徒を育てるための指導の在り方，そのために必要な学習環境をどのように作り上げていくかが問われている。評価や課題の部分でも述べたが，反転授業を行う上でのハードルは，一見するとかなり高いようにみえる。その一方で，全校に展開している自治体も現れてきている。

　あり得るモデルとしては，学校ではBYODと公衆回線接続，家庭では無線LANあるいは公衆回線接続とし，端末を用意できない家庭には貸与あるいは就学援助を上積みする，学習に用いるコンテンツはクラウド上に準備する，という手法である。学校での環境整備は最小限とし，既存のインフラを活用するものである。これには学習方法の変革も含むかもしれない。学校でも家庭でも同じ情報端末を使い，授業の予習は教員が準備したクラウド上の動画を見たり他のサイトを閲覧する，授業中でもわからないことがあれば手元の情報端末ですぐに調べる，調べた内容を基に思

考し，学習の結果を情報端末でまとめて発表し，他の学習者とクラウド上で意見を交わしているうちに復習を行っている，といったことが可能になる。こうした状況は夢物語ではなく，平成 28 年度情報通信白書によるとインターネット普及率は人口に対して 83.0％，平成 27 年通信利用動向調査によるとスマートフォン所有率は 31.8％（6-12 歳），79.3％（13-19 歳）である。つまり，中学高校段階では 70-80％程度の環境が整っているのである。主体的に学びに向かう力を育成する学習環境の整備条件は，実はすでに整ってきているのである。

【引用・参考文献】

稲垣　忠・佐藤靖泰・横田俊行・浅川智己（2015）．「反転授業における児童の学習活動に関する調査（学習支援環境とデータ分析／一般）」『日本教育工学会研究報告集』**15**(1), 225-230.

稲垣　忠（2014）．「反転授業は学校教育に何をもたらすか」『教職研修』**42**(11), 78-82.

稲垣　忠・高松歩未・佐藤靖泰（2014）．「反転授業における映像視聴ログの分析（教師教育と授業研究／一般）」『日本教育工学会研究報告集』**14**(1), 251-256.

NTT コミュニケーションズ（2015）．「ICT ドリームスクール実証モデル実施計画, 先導的教育システム実証事業評価委員会（第 5 回会合）配布資料」

郡司直孝（2014）．「反転授業によるこれからの社会で求められる資質や能力の育成をめざして―中学校社会科（第 2 学年・地理的分野）の実践を通して」『北海道教育大学附属函館中学校資料』, 1-27.〈http://www.hak.hokkyodai.ac.jp/~f-chug-m/subpage03/tablet/flip_teaching2.pdf（最終閲覧日：2017 年 1 月 5 日）〉

国立教育政策研究所（2014）．「教育課程の編成に関する基礎的研究 報告書 7　資質や能力の包括的育成に向けた教育課程の基準の原理」〈https://www.nier.go.jp/05_kenkyu_seika/pdf_seika/h25/2_1_allb.pdf〉

芝池宗克・中西洋介・反転授業研究会［編］（2014）．『反転授業が変える教育の未来―生徒の主体性を引き出す授業への取り組み』明石書店

代田昭久（2014）．「「スマイル学習（武雄式反転授業）」で日本の教育が変わる（1）」『主体の学び』(2), 83-91.

代田昭久（2015）．「「スマイル学習（武雄式反転授業）」で日本の教育が変わる（2）」『主体の学び』(3), 99-110.

スティグラー, J. W.・ヒーバート, J.／湊　三郎［訳］（2002）．『日本の算数・数学教育に学べ―米国が注目する jugyou kenkyuu』教育出版

総務省（2013）．「教育分野における ICT 利活用推進のための情報通信技術面に関するガイドライン（手引書）2013 小学校版」

総務省（2015）．「教育 ICT の新しいスタイル クラウド導入ガイドブック 2015」

総務省（2016）．「平成 27 年通信利用動向調査」

総務省（2016）．「平成 28 年度情報通信白書」

総務省フューチャースクール推進研究会（2012）．（第 5 回）「資料 4 平成 24 年度の実証校（小学校）における中間報告の概要」
中央教育審議会教育課程部会教育課程企画特別部会（2015）．「論点整理」
中央教育審議会（2014）．「初等中等教育における教育課程の基準等の在り方について（諮問）」（平成 26 年 11 月 20 日）
中央教育審議会（2016）．「「幼稚園，小学校，中学校，高等学校及び特別支援学校の」学習指導要領等の改善及び必要な方策等について」
バーグマン，J.・サムズ，A．／上原裕美子［訳］（2014）．『反転授業—基本を宿題で学んでから，授業で応用力を身につける』オデッセイコミュニケーションズ
松波紀幸・永井正洋（2014）．「予習動画教材を用いた反転授業の試行とその一考察」『本教育工学会第 30 回講演論文集』, 295–296.
松原　聡・澁澤健太郎・斎藤里美・小河智佳子（2015）．「武雄市「ICT を活用した教育（2014 年度）」第一次検証報告書」〈https://www.city.takeo.lg.jp/kyouiku/docs/20150609kyouiku01.pdf（最終閲覧日：2017 年 1 月 5 日）〉
文部科学省（2008）．「総則」「平成 20 年度改訂学習指導要領解説　小学校生活科」
文部科学省（2014）．「学びのイノベーション事業実証研究報告書」
文部科学大臣諮問（2014）．『初等中等教育における教育課程の基準等の在り方について』（平成 26 年 11 月 20 日）
山本朋弘・清水康敬（2015），「タブレット端末の持ち帰りによる家庭学習の効果と不安に関する教員の意識調査の分析」『日本教育工学会第 31 回全国大会講演論文集』779–780.
ベネッセ教育総合研究所（2012）．「デジタル機器の利活用が子どもの学びの可能性を広げる」『VIEW21 高校版』2012 年 10 月号, 18–21.
ベネッセ教育総合研究所（2014）．「予習を前提とした「反転授業」で授業理解度と教員の授業力が向上—兵庫県篠山市立篠山東中学校」『VIEW21 中学版』**3**, 16–19.

事項索引

A-Z

3R's　96, 99
ADDIE モデル　119
AP（アドミッションポリシー）　152

Bandicam　140
Blackboard　137, 153, 155
BYOD（Bring Your Own Device）　177

CAP 制　100
CP（カリキュラムポリシー）　152
DP（ディプロマポリシー）　152

e-learning　56

FD　75

GUI（グラフィカルユーザインタフェース）　139

ICT（情報通信技術）　i, 1, 75, 135

JiTT（Just-in-Time Teaching）　3, 11

LMS（Learning Management System）　i, 29, 136, 137, 153

MOOCs　i, 1, 11
Moodle　137, 147

OCW　1

QAA　152

Sakai　137
SQW3R 法　101

ア行

アクティブラーニング　1, 5, 6, 30, 37, 46, 98, 104, 116, 118
アクティブラーニング型授業　25
アクティブラーニングの効果　56
浅い学習アプローチ　38, 39, 50
一斉講義型　115
インストラクショナル・デザイン　119, 153, 154
往還　28, 29
オープンアドミッション方式　95
オープンエデュケーション　75
オンラインでの学習支援　94

カ行

外化　19, 21, 22, 28
外情報　136
学習　146
学習環境　97
学習コミュニティ　98, 99
学習支援　93, 99, 109
学習支援システム LePo　76
学習支援センター　95, 97
学習習慣　58, 64
学習スタイル　146, 147
学習スタイル理論　102
学習動機　39
学習と成長パラダイム　7
学習パラダイム　6
完全習得学習型　12, 23, 77, 80, 129
幹葉表示　128, 129
教員支援　76
協働学習　155, 163
協同学習　107
クリッカー　11, 156
グループ学習　20, 30
講義　25
講義型アクティブラーニング　117
高次能力育成型　23, 77, 80

高次能力学習型　*12*

サ行

再構築型の学習観　*33*

時間管理（タイムマネジメント）能力　*105*
資質・能力　*6*
事前学習　*126, 133*
習得型　*12, 23, 24, 27, 40, 41, 48, 50*
初年次教育型　*96*

スタディスキル　*99*

戦略的な時間管理　*100*

タ行

ダブル・ティーチング型　*77*
探求型　*12, 24, 26, 40, 42, 48*

知識の再構築　*58*
著作権　*154, 155*

伝統的な講義　*ii*

ナ行

内化　*19, 28*

認知プロセスの外化　*62, 125*

ノンバーバルコミュニケーション　*136*

ハ行

バーバルコミュニケーション　*136*
反転学習　*2*
反転授業　*ii, 1, 2, 9, 75, 80, 82, 83, 87, 93, 117, 126, 132, 152, 169, 170, 171*
反転授業のデザイン　*56*

ビッグデータ　*137*
ヒューマンインタフェース　*139*

深い学習アプローチ　*38,* *39, 50*
フリーライダー　*20*
プレ・ポスト調査　*38*
ブレンディッド学習　*11*

補修教育型　*96*

マ行

学びのプロセス　*68*

ヤ行

ユーザインタフェース　*139*

予習の効果　*50*

ラ行

ラーニングコモンズ　*97*
ラーニングデザイン　*154*

ログデータ　*137*

ワ行

ワークショップ　*107*

人名索引

A-Z

Bailey, G. K.　*99*
Berrett, D.　*3*

Ender, S.　*99*
Enright, G. E.　*97*

Fox, J.　*9*
Fulton, K.　*75*

Hamrick, F. A.　*102*
Herreid, C. F.　*3, 9*

Lage, M. J.　*1*

Macdonald, L.　*94*
Marton, F.　*6*
Maxwell, M.　*99, 101*
McLaughlin, J. E.　*9*

Newton, F.　*99*
Novak, G. M.　*3, 11*

Pierce, R.　*9*
Pitigala Liyanage, M. P.　*146*

Roehl, A.　*9, 10*
Rozycki, W.　*3, 11*

Säljö, R.　*6*
Schiller, N. A.　*3, 9*
Sharpe, R.　*75*
Smith, B. L.　*98*
Strayer, J. F.　*11*

Talbert, R.　*3*
Tucker, B.　*3*

Verleger, M.　*77*

ア行

アイソン, J. A.（Eison, J. A.）　*5, 6*
浅野志津子　*39, 59*
安部（小貫）有紀子　*99*
アムレシュ, A.（Amresh, A.）　*3*
アラン, J.（Allan, J.）　*97*

池田玲子　*98*
石井英真　*151*
糸井重夫　*71*
稲垣 忠　*3, 119, 169, 174, 177*
岩崎千晶　*10, 75*

ヴィゴツキー, L. S.　*21*
ウィルソン, R. J.　*151*

エンゲストローム, Y.　*25, 28*

大浦弘樹　*1, 11, 12, 119*
小川 勤　*76, 77*
小川 洋　*95*
奥田阿子　*57, 76*

カ行

ガードナー, H.　*102*
ガニェ, R. M.　*119, 120*

河井 亨　*39*
川島啓二　*46*
絹川正吉　*46*
木本圭一　*76*

クー, G. D.（Kuh, G. D.）　*98*
クラーク, K.（Clark, K.）　*97*
郡司直孝　*168, 176*
コルブ, D. A.　*102*
近藤真唯　*76*

サ行

佐伯 胖　*32, 33*
佐藤靖泰　*3, 174, 176*
サムズ, A.（Sams, A.）　*1, 2, 75, 104, 106, 108, 109*
重田勝介　*1, 75, 76*
七田麻美子　*10*
芝池宗克　*168*
清水康敬　*75, 178*
シュワルツ, D. L.（Schwarz, D. L.）　*29*
鈴木克明　*86, 119*
スティグラー, J. W.　*171*
スロッソン, E. E.（Slosson, E. E.）　*116*

タ行

竹内久顕　*57*

館岡洋子	*98*	
田中俊也	*79*	
谷川裕稔	*93, 96*	
筒井洋一	*128*	
土佐幸子	*4*	

ナ行

永井正洋　*172, 177*
中島　平　*76*
中西洋介　*168*
中野　彰　*3*

ノーレットランダーシュ, T.　*136*

ハ行

バークマン, J.（Bergmann, J.）　*1, 2, 75, 104, 106, 108, 109*
塙　雅典　*37, 56, 71, 76*
ヒーバート, J.　*171*
ビショップ, J. L.（Bishop, J. L.）　*77*

平川正人　*139*
伏木田稚子　*10*
船守美穂　*75, 76*
ブランスフォード, J. D.　*29*
ボンウェル, C. C.（Bonwell, C. C.）　*5, 6*

マ行

マカン, T. H.（Macan, T. H.）　*100*
マズール, E.（Mazur, E.）　*11*
松下佳代　*21, 25, 28, 93, 94, 107*
松波紀幸　*172, 177*
溝上慎一　*5-8, 10, 11, 37, 39, 59, 69, 118*
森　朋子　*20, 37, 40, 47, 56, 57, 69, 77, 80*
森澤正之　*126*

ヤ行

安永　悟　*11, 94*
安彦忠彦　*12*
山内祐平　*1, 11, 12, 23, 117*
山下祐一郎　*76*
山田恒夫　*76*
山本朋弘　*178*
ヤング, S. F.　*151*

苑　復傑　*75*

吉崎弘一　*76*

ラ行

ロビンソン, F. P.（Robinson, F. P.）　*101*

人名索引　　*185*

執筆者紹介 （執筆順，編者は*）

森　朋子*（もり・ともこ）
桐蔭横浜大学副学長教育研究開発機構教授
執筆担当：まえがき，01

溝上慎一*（みぞかみ・しんいち）
学校法人桐蔭学園 理事長・桐蔭横浜大学学長・教授，トランジションセンター 所長
執筆担当：序

本田周二（ほんだ・しゅうじ）
大妻女子大学人間関係学部講師
執筆担当：02，03

三保紀裕（みほ・のりひろ）
京都学園大学経済経営学部准教授
執筆担当：02，03

岩﨑千晶（いわさき・ちあき）
関西大学教育推進部准教授
執筆担当：04

安部有紀子（あべ・ゆきこ）
大阪大学全学教育推進機構准教授
執筆担当：05

塙　雅典（はなわ・まさのり）
山梨大学 教育国際化推進機構大学教育センターセンター長，同大大学院総合研究部工学域教授（工学部電気電子工学科 担当）
執筆担当：06

平川正人（ひらかわ・まさひと）
島根大学大学院総合理工学研究科教授
執筆担当：07

古澤修一（ふるさわ・しゅういち）
広島大学大学院生物圏科学研究科教授
執筆担当：08

福本　徹（ふくもと・とおる）
国立教育政策研究所総括研究官
執筆担当：09

※編者を除く著者紹介については執筆当時のもの

アクティブラーニング型授業としての反転授業 ［理論編］

2017 年 5 月 30 日	初版第 1 刷発行
2021 年 11 月 30 日	初版第 2 刷発行

	編　者	森　朋子
		溝上慎一
	発行者	中西　良
	発行所	株式会社ナカニシヤ出版

〒606-8161　京都市左京区一乗寺木ノ本町 15 番地
Telephone　075-723-0111
Facsimile　075-723-0095
Website　http://www.nakanishiya.co.jp/
Email　iihon-ippai@nakanishiya.co.jp
郵便振替　01030-0-13128

印刷・製本＝ファインワークス／装幀＝白沢　正
Copyright © 2017 by T. Mori, & S. Mizokami
Printed in Japan.
ISBN978-4-7795-1088-5

本書のコピー，スキャン，デジタル化等の無断複製は著作権法上の例外を除き禁じられています。本書を代行業者等の第三者に依頼してスキャンやデジタル化することはたとえ個人や家庭内での利用であっても著作権法上認められていません。

ナカニシヤ出版 ◆ 書籍のご案内

大学生の主体的学びを促すカリキュラム・デザイン
アクティブ・ラーニングの組織的展開にむけて
日本高等教育開発協会・ベネッセ教育総合研究所 [編]
佐藤浩章・山田剛史・樋口 健 [編集代表]
全国の国立・公立・私立大学の学科長へのアンケート調査と多様なケーススタディから見えてきたカリキュラム改定の方向性とは何か。　　　　　　　　　　　　　　　　　　　　2400 円+税

もっと知りたい大学教員の仕事
大学を理解するための 12 章　羽田貴史 [編著]
カリキュラム，授業，ゼミ，研究倫理，大学運営，高等教育についての欠かせない知識を網羅。これからの大学教員必携のガイドブック。　　　　　　　　　　　　　　　　　　　　2700 円+税

大学における e ラーニング活用実践集
大学における学習支援への挑戦 2
大学 e ラーニング協議会・日本リメディアル教育学会 [監修]
大学教育現場での ICT を活用した教育実践と教育方法，教育効果の評価についての知見をまとめ様々なノウハウを徹底的に紹介する。　　　　　　　　　　　　　　　　　　　　3400 円+税

大学における学習支援への挑戦
リメディアル教育の現状と課題　日本リメディアル教育学会 [監修]
「教育の質の確保と向上」を目指して――500 以上の大学・短大などから得たアンケート結果を踏まえ，日本の大学教育の最前線からプレースメントテスト・入学前教育・初年次教育・日本語教育・リメディアル教育・学習支援センターなど，60 事例を紹介！　　　　　　　　　　　2800 円+税

学生が変わるプロブレム・ベースド・ラーニング実践法
学びを深めるアクティブ・ラーニングがキャンパスを変える
バーバラ・ダッチほか [編] ／山田康彦・津田 司 [監訳]
PBL 導入へ向けた組織的取組み，効果的な PBL 教育の準備，多様な専門分野における PBL 実践事例を網羅する。　　　　　　　　　　　　　　　　　　　　　　　　　　　　3600 円+税

学士力を支える学習支援の方法論
谷川裕稔 [代表編者]　長尾佳代子・壁谷一広・中園篤典・堤 裕之 [編]
高等教育機関における「学習支援」の枠組みを明確に提示し，学生の質保証という難題に立ち向かうさまざまな工夫と実践を網羅する。　　　　　　　　　　　　　　　　　　　　3600 円+税

高校・大学から仕事へのトランジション
変容する能力・アイデンティティと教育　溝上慎一・松下佳代［編］
若者はどんな移行の困難の中にいるのか——教育学・社会学・心理学を越境しながら，気鋭の論者たちが議論を巻き起こす！　　　　　　　　　　　　　　　　　　　　2800円＋税

アメリカの大学に学ぶ学習支援の手引き
日本の大学にどう活かすか　谷川裕稔［編］
日本の大学にも現在，定着しつつある入学前教育，初年次教育，リメディアル教育といった教育支援プログラムは，いかなる経緯でアメリカの大学に生み出されたものなのか。そして，それをどう活かすべきなのか。歴史とさまざまな実践について丁寧に整理し，活用の道を拓く。　3200円＋税

大学におけるアクティブ・ラーニングの現在
学生主体型授業実践集　小田隆治［編］
日本の大学で行われているアクティブ・ラーニングの多様性と豊かさを伝えるとともに，その導入のヒントとなる実践事例集。　　　　　　　　　　　　　　　　　　　　2800円＋税

かかわりを拓くアクティブ・ラーニング
共生への基盤づくりに向けて　山地弘起［編］
アクティブラーニングを縦横に活用した大学授業を取り上げ，メッセージ・テキスト，学習の意義，実践事例，授業化のヒントを紹介。　　　　　　　　　　　　　　　　　　　2500円＋税

アクティブラーニングを創るまなびのコミュニティ
大学教育を変える教育サロンの挑戦　池田輝政・松本浩司［編著］
大学における授業改善・教育改革をめぐって多様な人びとがストーリーを語り合う教育サロンへの「招待状」。　　　　　　　　　　　　　　　　　　　　　　　　　　　　　2200円＋税

学生主体型授業の冒険2
予測困難な時代に挑む大学教育　小田隆治・杉原真晃［編］
学生の主体的な学びとは何か？　学生の可能性を信じ，「主体性」を引き出すために編み出された個性的な授業と取り組みを紹介し，明日の社会を創造する学びへと読者を誘う注目の実践集。
　　　　　　　　　　　　　　　　　　　　　　　　　　　　　　　　　　　　3400円＋税

私が変われば世界が変わる
学生とともに創るアクティブ・ラーニング　中善則・秦美香子・野田光太郎・師茂樹・山中昌幸・西澤直美・角野綾子・丹治光浩［著］
学生と学生，教員と学生，学生と社会，社会と大学をつなぐ。大学教育の実践現場から届いたアクティブ・ラーニング活用術。　　　　　　　　　　　　　　　　　　　　　　2400円＋税

教育現場の「コンピテンシー評価」
渡部信一 [編著]
学力という範疇に収まり切れない能力，いわゆるコンピテンシーをさまざまな教育現場ではどう測ってきたのか。多様な評価方法に学ぶ。　　　　　　　　　　　　　2400 円＋税

教養教育の再生
林 哲介 [著]
教育答申や財界の意見等を批判的に読み解きながら教養教育の変容をふりかえり，何が欠落してきたか，あるべき姿とは何かを提言する。　　　　　　　　　　　　　　　2400 円＋税

身体と教養
身体と向き合うアクティブ・ラーニングの探求　山本敦久 [編]
ポストフォーディズムのコミュニケーション社会において変容する身体と教育との関係を大学の身体教育の実践現場から捉える。　　　　　　　　　　　　　　　　　　　2800 円＋税

学生と楽しむ大学教育
大学の学びを本物にする FD を求めて　清水 亮・橋本 勝 [編]
学生たちは，大学で何を学び，何ができるようになったのか。個々の教員・職員・学生，そして大学コミュニティがもつ活力を活性化し，大学教育を発展させる実践を集約。　3700 円＋税

学生・職員と創る大学教育
大学を変える FD と SD の新発想　清水 亮・橋本 勝 [編]
学生が活き，大学が活きる。教員・職員・学生が一体となって推進する今，大学に不可欠な取組を理論と実践からトータルに捉える！　　　　　　　　　　　　　　　　3500 円＋税

学生，大学教育を問う
大学を変える，学生が変える 3　木野 茂 [編]
学生・教員・職員の関わる大学教育とは何か――全国の 80 以上の大学に広がった学生 FD 活動の実際と数百人の学生，教職員が集う白熱の学生 FD サミットの内容を幅広く紹介。　2800 円＋税

学生 FD サミット奮闘記
大学を変える、学生が変える 2：追手門 FD サミット篇
木野 茂 [監] 梅村 修 [編]
大学授業の改善について思い悩む 300 名以上の学生・教員・職員が，大学を越え，対話を行い，作り上げたサミットの軌跡と記録！　　　　　　　　　　　　　　　　　2500 円＋税